Menopausa

100 PERGUNTAS E RESPOSTAS

Título do original em francês: ***Réponses à 100 questions sur la Ménopause***

Gerente editorial **Otacília de Freitas**
Editora-assistente **Gabriela Dias**
Edição e copidesque **Valentina Nunes**
Projeto gráfico **Estúdio Ivanov**
Capa **Carlos Magno**
Diagramação **Alves e Miranda Editorial**
Infográficos **Mário Guilherme**
Revisão **Agnaldo A. Oliveira** *e* **Sonia de Castilho**
Índice **Paulo C. Oliveira**
Produção gráfica **Cíntia M. da Silva**
Imagens da capa e quarta-capa **Stock Photos**
Agradecimentos **Mirna Gabriel Nakano**

Dados Internacionais de Catalogação na Publicação (CIP)
(Câmara Brasileira do Livro, SP, Brasil)

Proust, Joëlle
Menopausa / Joëlle Proust ; tradução de Stella Marina. — São Paulo : Larousse do Brasil, 2003.
Título original: Response à 100 questions sur la ménopause

1. Menopausa – Obras de divulgação I. Título.

03-4875 CDD-612.665

Índice para catálogo sistemático:
1. Menopausa : Mulheres : Fisiologia humana 612.665

ISBN 2-263-03474-9 (edição original)
ISBN 85-89030-85-7

1ª edição brasileira: 2003

Direitos de edição em língua portuguesa, para o Brasil, adquiridos por
Larousse do Brasil Participações Ltda.
Rua Afonso Brás 473, 16º andar – São Paulo/SP – CEP 04511-011
Tel. (11) 3044-1515 – Fax (11) 3044-3437
E-mail: info@larousse.com.br
Site: www.larousse.com.br

Menopausa

100 PERGUNTAS E RESPOSTAS

Dra. Joëlle Proust

Consultoria e tradução

Dra. Stella Marina Pinto Ferreira

Ginecologista, obstetra e homeopata da
Associação Médica Homeopática do
Estado do Rio de Janeiro (AMHERJ)

LAROUSSE

Cultura para todos

Sumário

AS CONSEQÜÊNCIAS DA MENOPAUSA A CURTO E MÉDIO PRAZOS

AS CONSEQÜÊNCIAS MAIS TARDIAS DA MENOPAUSA

CAPÍTULO 3

O acompanhamento ginecológico durante o climatério e depois da menopausa

CAPÍTULO 4

O tratamento de reposição hormonal

O TRATAMENTO

OS EFEITOS DO TRATAMENTO

AS INDICAÇÕES E CONTRA-INDICAÇÕES AO TRATAMENTO

AS PERGUNTAS MAIS FREQÜENTES SOBRE O TRH

CAPÍTULO 5
Os fitoestrogênios

CAPÍTULO 6
Os tratamentos homeopáticos da menopausa

CAPÍTULO 7
Como se alimentar bem na menopausa?

CAPÍTULO 8
Adotar um certo modo de vida

CAPÍTULO 9
Outros tratamentos

OS CAMINHOS DA PESQUISA: SERM E SAS

OS TRATAMENTOS DA OSTEOPOROSE

HÁ LUGAR PARA A DHEA NO TRATAMENTO DA MENOPAUSA?

APÊNDICE

Guia Prático

Prefácio

A evolução da tecnologia aplicada à medicina, bem como a melhoria das condições ambientais, nutricionais e sócio-econômicas, propiciam maior longevidade à população em geral, com aumento da expectativa de vida.

A mulher passa hoje expressiva parcela de sua vida no climatério, em especial na pós-menopausa. Convive, pois, com um estado de hipoestrogenismo (falta de estrogênios), o qual pode trazer repercussões em diversos órgãos e sistemas de seu organismo.

O livro *Menopausa – 100 perguntas e respostas* procura analisar de modo singelo, com respaldo científico, os vários aspectos do climatério: conceito de menopausa; os sintomas imediatos e tardios; as conseqüências a curto, médio e longo prazo; o acompanhamento ginecológico e a orientação terapêutica. Nesse particular, são discutidas as diversas modalidades terapêuticas, hormonais e não-hormonais, a alimentação e os exercícios físicos, bem como as principais indicações e as eventuais contra-indicações ao tratamento hormonal.

Dividido em nove capítulos, *Menopausa – 100 perguntas e respostas* começa explicando o que é a menopausa, o que acontece com os ovários e se é possível engravidar nessa fase, além de transmitir outras noções básicas bastante úteis. Em seguida, o livro aborda os principais sintomas da menopausa: os mais imediatos e aqueles que se manifestam a curto, médio e longo prazo. E aproveita para responder dúvidas sobre o uso de pílulas anticoncepcionais, ondas de calor, retirada do útero e as principais modificações que ocorrem no organismo feminino.

O terceiro capítulo é todo dedicado ao tratamento de reposição hormonal (TRH): são mais de 30 perguntas específicas, que abordam a administração, sua relação com outras doenças – como artrose, osteoporose, doença de Alzheimer, câncer.

Os fitoestrogênios (grupo de moléculas oriundas de plantas com estrutura química semelhante a dos estrogênios) também são discutidos aqui: o capítulo 5 inteiro é dedicado ao tema. São respostas a respeito de seus efeitos sobre os ossos, o sistema vascular, o cérebro.

Tratamentos homeopáticos são tema principal do capítulo 6, onde são explicados de maneira bastante didática os princípios da homeopatia e o que essa prática médica complementar oferece para as mulheres em menopausa.

Chamo a atenção em particular para o oitavo capítulo, onde estão listados hábitos que irão proporcionar mais saúde, conforto e qualidade de vida durante a menopausa. Bastante útil é também o último capítulo do livro, que enumera outros tratamentos que já vêm sendo utilizados.

O livro *Menopausa – 100 perguntas e respostas* é bastante atual, tanto pela relevância do tema quanto por sua importância prática. Contribuirá, sem dúvida, para esclarecer a mulher brasileira sobre os vários aspectos que cercam a menopausa.

Prof. Dr. Edmund C. Baracat
Médico e professor titular do Departamento de Ginecologia da Universidade Federal de São Paulo – Escola Paulista de Medicina (Unifesp-EPM)
Presidente da Federação Brasileira das Sociedades de Ginecologia e Obstetrícia (Febrasgo)

Introdução

Por mais que a menopausa seja um processo normal de envelhecimento do organismo, pode trazer complicações e desconfortos que já é possível controlar com a ajuda da medicina. Devemos, então, tratar a menopausa? Essa é, aliás, uma das perguntas que ouço com mais freqüência.

É claro que cada uma de nós já ouviu dizer que a menopausa é um "fenômeno natural" ou que a "vovó nunca se queixou". Mas do que ela se teria queixado?

Das ondas de calor? Era preciso suportá-las. Das alterações de humor? Ela devia controlar-se. Das perdas urinárias ao tossir ou das dores do "dever conjugal"? Decididamente, não se falava sobre esses assuntos. Das dores nas costas, por causa das vértebras que se comprimem? "Um problema da idade"...

Hoje, as coisas mudaram bastante. A mentalidade das pessoas evoluiu, assim como os tratamentos. Temos muitos anos para viver depois da menopausa: mais de trinta anos para muitas de nós e, para aquelas que se tornarão centenárias, fato cada vez menos raro, a outra metade da vida!

Aí está, portanto, uma boa razão para termos vontade de conservar o dinamismo e a boa saúde. Ora, e não faltam soluções! Para começar, é preciso cultivar bons hábitos de vida, a fim de tirarmos deles um bom proveito. Alimentar-se bem e manter-se ativa já é fazer bastante para preservar o próprio futuro. Aquelas que quiserem ir mais longe poderão fazer um tratamento substitutivo, especialmente quem já desfrutou do conforto proporcionado pela pílula anticoncepcional e não tem idéias preconcebidas a respeito do uso de hormônios. Outras, ao contrário, cansadas de "remédios", poderão procurar outra solução.

Por que não os fitoestrogênios? Ainda sabemos pouco sobre eles, mas as expectativas são grandes. E por que não a homeopatia? Medicina diferente, ela permite restaurar o equilíbrio antes que o organismo se esgote.

Algumas mulheres vivem bem durante a menopausa e não procuram tratamento. Outras hesitam e se perguntam o que poderiam fazer para viver esse período de transição da melhor maneira possível.

A escolha pertence a cada uma de nós, de acordo com nossas próprias necessidades e convicções. Mas, para decidir, é preciso antes estar bem informada. Este é, portanto, o objetivo deste livro.

CAPÍTULO 1

Algumas noções básicas

1 O que é a menopausa?

A menopausa é conseqüência do fim do funcionamento dos ovários. Ela é definida como o momento em que as menstruações param definitivamente. Etimologicamente, aliás, o termo significa "cessação das menstruações". Afirmamos que uma mulher está em menopausa quando podemos confirmar, depois do prazo de um ano, que suas regras realmente cessaram (ver pergunta de nº 3).

Ainda que a menopausa propriamente dita corresponda a um momento preciso da vida de uma mulher, esta geralmente costuma percebê-la por um longo período. Esse período longo que ocorre antes e depois da menopausa chama-se climatério (ver pergunta de nº 3).

A causa fisiológica da menopausa está no envelhecimento programado dos ovários, inscrito nos nossos genes. O ovário tem dois papéis: o de assegurar a reprodução, produzindo a cada mês óvulos prontos a serem fecundados, e o de secretar os hormônios sexuais femininos, estrogênios e progesterona (ver pergunta de nº 2). A menopausa indica ao mesmo tempo, portanto, o fim da fecundidade e o fim da produção de hormônios. As transformações corporais que dela decorrem são conseqüências da carência de estrogênios que se instala a partir desse momento.

2 Da puberdade à menopausa: como funcionam os ovários?

Durante a vida intra-uterina, quando o feto do sexo feminino se desenvolve, aparecem nos ovários o que chamamos de folículos. Tais formações contêm células reprodutoras, os oócitos, que se tornarão óvulos após a puberdade.

Cada mulher nasce com um grande número de folículos (um a dois milhões) que irá diminuir ao longo da vida, até desaparecer progressivamente. Na puberdade, por exemplo, esses folículos já não passam de 300 mil.

Eles ficam em repouso até essa fase da vida, quando então entram em atividade para assegurar a função da reprodução e a produção de hormônios sexuais. Tal atividade está submetida a um ciclo, cuja duração média é de 28 dias, variando uns poucos dias, para mais ou menos, dependendo da mulher.

Durante a primeira parte desse ciclo (ciclo menstrual), os folículos crescem. Na maioria das vezes, apenas um único folículo passará por todas as transformações necessárias para que ocorra a expulsão do oócito, então transformado em óvulo e pronto para ser fecundado. A ovulação acontece, em média, 14 dias após o início do ciclo, ou seja, 14 dias depois do primeiro dia de menstruação.

Durante toda a primeira fase do ciclo, o folículo secreta estrogênios – e o mais importante desses hormônios é o estradiol. Depois da ovulação, o folículo passa por novas transformações e ganha o nome de corpo amarelo. Ele começa, então, a secretar não somente estrogênios, mas também um outro hormônio sexual feminino: a progesterona.

A duração de vida do corpo amarelo é de 12 a 14 dias, desde que não ocorra a fecundação. Ao fim desse período, ele deixa de secretar hormônios, atrofia-se e desaparece. Mas se, ao contrário, o óvulo for fecundado, o corpo amarelo subsiste durante algumas semanas, produzindo os hormônios necessários à manutenção da gravidez.

Os hormônios secretados pelos ovários são responsáveis por mudanças no útero. A mucosa que reveste o interior do útero, chamada endométrio, deve passar por transformações a fim de eventualmente acolher um óvulo fecundado. Durante a primeira fase do ciclo, essa mucosa torna-se espessa, sob efeito dos estrogênios. Depois, durante a segunda fase, ela se modifica profundamente, sob a influência da progesterona. Se não houver fecundação, a mucosa uterina é eliminada, em conseqüência da queda de produção de hormônios. É a menstruação (as regras) e o início de um novo ciclo.

Até o fim da vida, o útero permanece apto a funcionar. Pode-se, portanto, a qualquer idade, com aporte de hormônios em quantidade suficiente, provocar modificações na sua mucosa.

O cérebro desempenha um papel muito importante no funcionamento dos ovários. As transformações dos folículos ovarianos e a deflagração da ovulação dependem da produção de hormônios provenientes da hipófise: o FSH (hormônio folículo-estimulante) e o LH (hormônio luteinizante). A glândula hipófise, situada sob o cérebro, também se encontra ligada à zona do cérebro chamada hipotálamo, de onde recebe ordens.

Em resposta, os ovários enviam informações ao cérebro. Quando eles começam a dar sinais de falência (época em que a menopausa se aproxima), a hipófise reage imediatamente. A taxa de FSH no sangue eleva-se progressivamente em reação às modificações na secreção dos hormônios sexuais causadas pelas alterações dos folículos.

No início, a taxa de LH permanece constante. Mas uma vez que a menopausa é confirmada, as taxas dos dois hormônios aumentam bastante. A quantidade de FSH presente no sangue torna-se 10 a 15 vezes superior à verificada no início do ciclo normal de uma mulher jovem; já a de LH torna-se três a quatro vezes superior.

Ao longo dos anos, a reserva de folículos esgota-se. No interior dos folículos remanescentes, a qualidade das células reprodutoras altera-se. O equilíbrio hormonal se degrada e a fecundidade diminui. Tal fenômeno começa bem antes do desaparecimento definitivo das menstruações. A chegada da menopausa acontece gradualmente, com períodos de perturbação do ciclo menstrual mais ou menos prolongados. A cessação definitiva das regras só ocorrerá bruscamente em uma entre quatro mulheres.

3 Em que idade ocorre a menopausa? O que é o climatério?

Em geral, é difícil determinar em que idade a menopausa ocorre. Normalmente, ela é precedida de um ou vários períodos, ao longo de alguns meses, em que as menstruações desaparecem e reaparecem. Os médicos consideram, no entanto, que a menopausa só pode ser real-

AS SECREÇÕES DOS HORMÔNIOS SEXUAIS AO LONGO DO CICLO E SEUS EFEITOS SOBRE A MUCOSA UTERINA

SECREÇÕES HORMONAIS

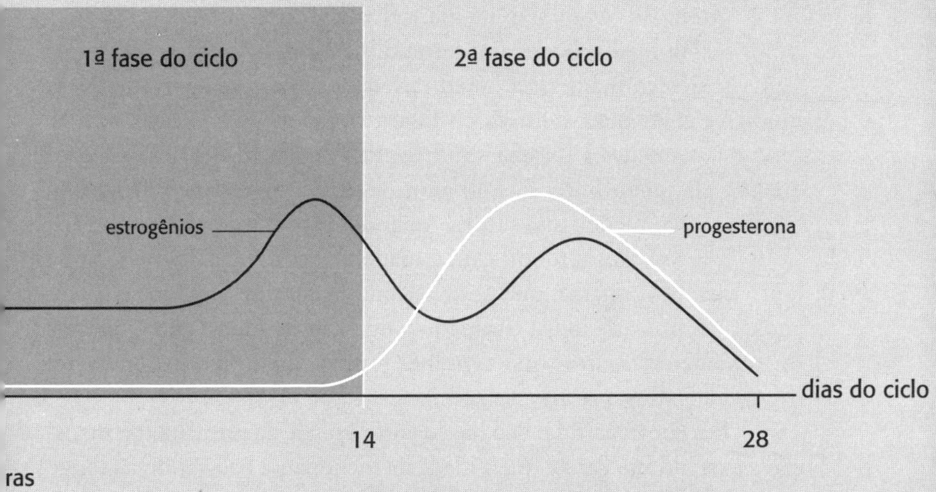

MUCOSA UTERINA

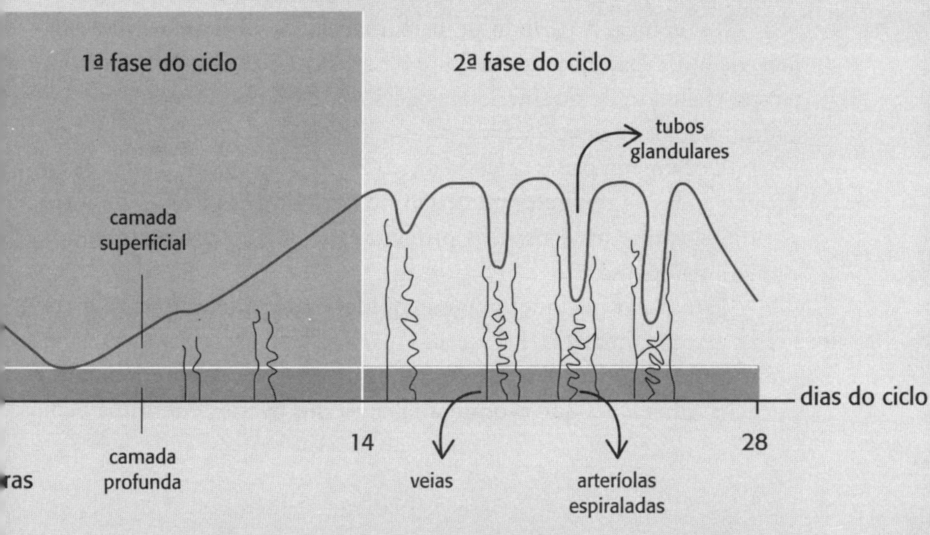

mente constatada após ausência total de menstruações pelo período de um ano, pelo menos. Sendo assim, a idade de incidência da menopausa só pode ser estabelecida com segurança retrospectivamente.

No Brasil (e também na França), ela se situa entre 45 e 55 anos de idade. Na média, ocorre em torno dos 50 anos. A menopausa é fortemente determinada pela hereditariedade. Dessa maneira, todas as mulheres cujas mães ou avós entraram em menopausa relativamente cedo estão sujeitas à mesma situação. Fala-se em menopausa precoce quando ela incide antes dos 40 anos de idade. Inversamente, existem famílias com "menopausa tardia", quando ocorre após os 55 anos.

Poucos fatores modificam a idade de ocorrência da menopausa tanto quanto o cigarro, que pode adiantá-la em um ano e meio a dois anos. Quanto mais longa tiver sido a duração do tabagismo e maior a quantidade de cigarros que a mulher fumou, mais precoce será o fim da atividade dos ovários.

Em contrapartida, não há elo entre a idade da primeira menstruação e a da última. Parece que a idade da menopausa não variou ao longo dos séculos. Existem textos datados da Idade Média que circunscrevem o período de fecundidade da mulher entre 12 e 50 anos. Vale ressaltar que é difícil conhecer com exatidão (ver pergunta de nº 35) a idade da menopausa de mulheres que tenham se submetido a tratamentos hormonais já nas primeiras irregularidades que precedem a menopausa.

Na França, o período de perturbações do ciclo menstrual que precede o desaparecimento definitivo das menstruações foi por muito tempo chamado de pré-menopausa. Isso causava confusão em relação à terminologia inglesa.

De fato, nos países anglo-saxões, a expressão *premenopausal women* designa todas as mulheres que estão no período compreendido entre as primeiras menstruações e as primeiras irregularidades que prenunciam a menopausa.

Para evitar qualquer mal-entendido, preferimos empregar neste livro o termo climatério. Este termo não substitui exatamente o termo pré-menopausa, visto que ele designa o período que começa com as primeiras alterações que evocam a falência dos ovários e termina bem

PRODUÇÃO DE HORMÔNIOS

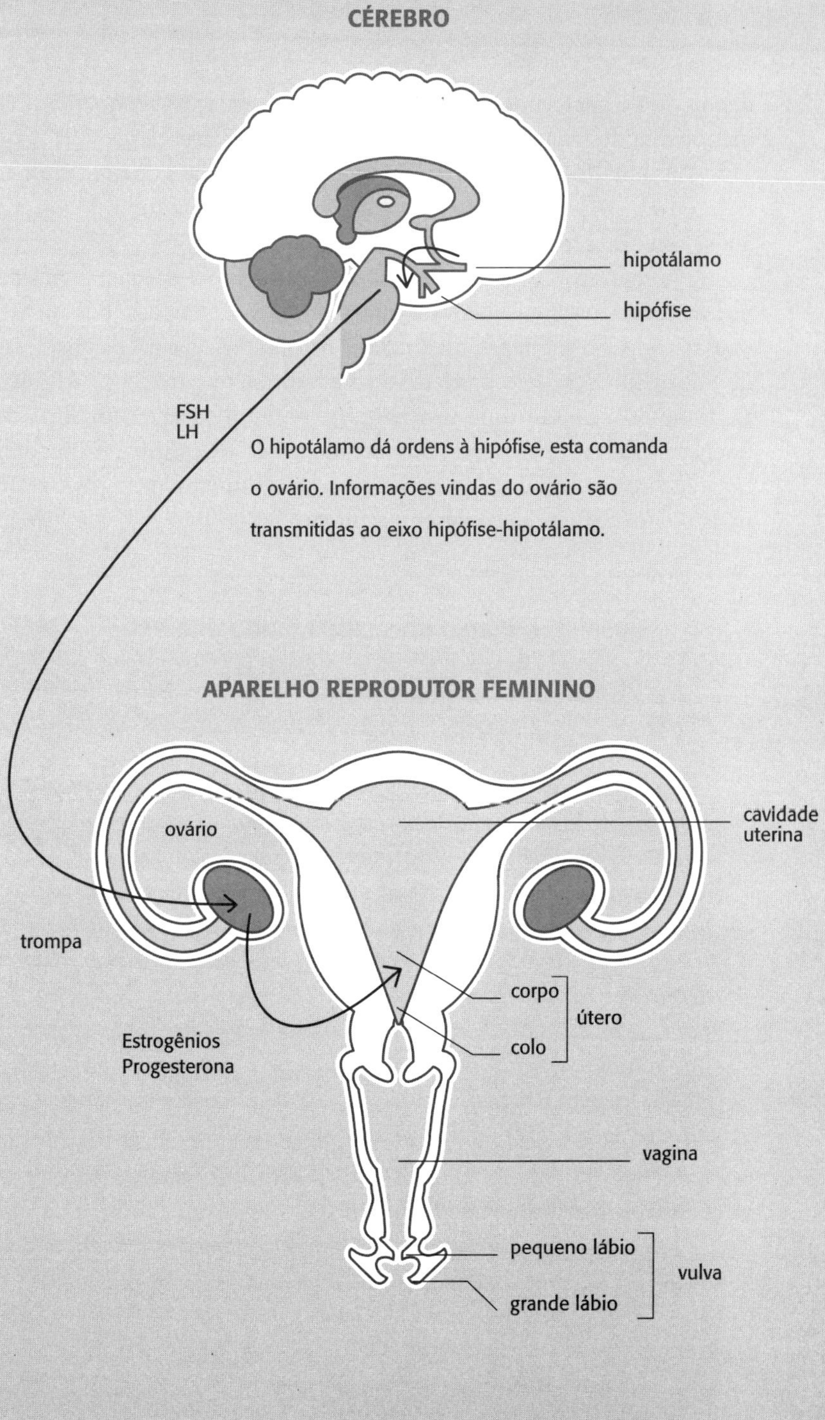

O hipotálamo dá ordens à hipófise, esta comanda o ovário. Informações vindas do ovário são transmitidas ao eixo hipófise-hipotálamo.

depois do desaparecimento definitivo das menstruações (enquanto pré-menopausa designava o período até a última menstruação).

A duração do climatério é extremamente variável de uma mulher para outra: pode ser muito breve assim como pode durar 11 ou 12 anos, embora a média seja de cerca de cinco anos.

A menopausa é confirmada um ano depois da data exata da última menstruação. O período que aí se inicia é chamado pós-menopausa. Todo sangramento que ocorrer na pós-menopausa é considerado anormal e deve ser objeto de exames complementares (ver pergunta de nº 30), mesmo que isso não seja necessariamente um sinal de doença. Embora seja raro, pode acontecer de os ovários retomarem brevemente sua atividade e provocar o reaparecimento de menstruação mais de um ano após seu desaparecimento.

Susana[1] e Maria: dois casos muito diferentes

Susana tem 56 anos e decidiu fazer uma consulta médica porque vem apresentando sangramentos após quatro anos de menopausa. Ela não está passando por nenhum tratamento e tem a impressão de que está menstruando novamente. Ela sangrou abundantemente durante uma semana e teve algumas dores no baixo-ventre. Além disso, nos dias anteriores ao sangramento, ela sentiu os seios inchados. Durante o exame clínico, as mucosas da vulva e da vagina não apresentaram o aspecto que normalmente corresponderia ao quadro de uma mulher em menopausa há quatro anos. Elas deveriam estar atróficas, pálidas e secas, já que Susana não faz tratamento de reposição hormonal na menopausa. Não é o caso, o que sugere que os ovários de Susana voltaram a fabricar hormônios. Alguns exames complementares, entre os quais uma ultra-sonografia e colpocitologia, permitirão afirmar a ausência de patologia e confirmar um fato raro: a retomada do funcionamento dos ovários quatro anos depois do seu fim aparente.

---

1. **Nota editorial:** Esta obra aportuguesou os nomes dos pacientes citados nos casos clínicos.

Maria tem 60 anos de idade e decide se consultar por causa de pequenas perdas de sangue que há algumas semanas vêm manchando sua roupa íntima. Maria está preocupada. Ela nunca mais tinha voltado a sangrar depois de sua última menstruação, há oito anos, e ela sabe que sangramentos anormais podem indicar câncer. Maria passou muito bem pelo período da menopausa, sem apresentar mal-estar, a não ser algumas ondas de calor. Além do mais, ela nunca teve sérios problemas de saúde. Sua maior preocupação é o peso. Às vezes, ela "faz dieta", mas suas "boas intenções" não duram muito. Atualmente, está 20 quilos acima do peso que considera ideal, ou seja, acima do que pesava antes das gestações. O exame ginecológico mostra que o sangramento não vem nem da vagina nem do colo do útero. A citologia está normal. O raio X do útero ajuda a estabelecer o diagnóstico: as imagens sugerem a presença de pólipos, o que será confirmado pelo exame completo do útero, após sua retirada. Maria felizmente não tinha câncer, mas apenas pólipos, afecção benigna. Conseqüentemente, nenhum tratamento complementar será necessário.

Estes dois casos mostram que todo sangramento que ocorrer no período da pós-menopausa deve levar a mulher a se consultar, embora não necessariamente a se inquietar. Sangramentos podem ser indícios de situações bem diferentes.

4 O que acontece com os ovários após a menopausa?

Parece que o sinal que deflagra a menopausa ocorre quando restam nos ovários apenas cerca de mil folículos (ver pergunta de nº 2). Esses folículos remanescentes não podem mais evoluir. Como não há mais ovulação, a gravidez não é mais possível.

Esses folículos que secretam apenas uma quantidade mínima de estrogênios desaparecerão de forma rápida e completa nos anos seguintes à menopausa. A produção ovariana de hormônios femininos (estrogênios e progesterona) vai então se encerrar. Mas os estrogênios continuarão a circular no sangue, em quantidades que dependerão da corpulência de cada mulher. Eles virão da transformação, dentro do tecido gorduroso e dos músculos, de hormônios masculinos (androgênios) em hormônios femininos. Os androgênios são majoritariamente fabricados nas suprarenais (glândulas situadas sobre os rins).

Ainda que os ovários se transformem progressivamente em tecido fibroso depois da menopausa, irão persistir em seu interior células que também secretam hormônios masculinos. É uma produção pouco volumosa, mas que participa do bem-estar geral após a menopausa. Hoje, acredita-se que a libido seja influenciada pela presença desses androgênios. É por isso que, quando é preciso retirar o útero (histerectomia) de uma mulher no climatério, os cirurgiões tentam sempre que possível preservar seus ovários.

5 Pode-se engravidar até a menopausa?

Os ciclos menstruais podem permanecer normais até bem próximo da menopausa. Entretanto, o fim da fertilidade ocorre bem antes, em média de nove a 10 anos antes que os ovários cessem totalmente sua atividade. A partir dos 35 anos de idade, a concepção torna-se mais difícil por causa da perda de qualidade das células reprodutoras.

O envelhecimento dos ovários se traduz não somente pela diminuição do número de folículos, mas também pelas alterações dos folículos e de seus oócitos (ver pergunta de nº 2). Estima-se atualmente que cerca de 7% das mulheres com idade acima dos 40 anos desejam engravidar. Menos de um terço delas conseguirá. Essas mulheres podem conhecer suas reais chances de conceber recorrendo a um exame de sangue.

Quando a taxa sangüínea do hormônio folículo-estimulante (FSH), que comanda os ovários, estiver alta, a probabilidade de fecundação é extremamente baixa, já que o aumento do FSH é sinal da falência dos ovários (ver pergunta de nº 2). Por outro lado, uma taxa normal de FSH permitirá a essas mulheres manter a esperança.

Em geral, a fecundidade diminui com a idade e tende a zero ao se aproximar dos 50 anos. Isso explica por que existem casos de gravidez espontânea nessa idade, que são, no entanto, extremamente raros.

A taxa de abortamentos espontâneos também aumenta com a idade. A gravidez não ultrapassa o primeiro trimestre em cerca de 30% dos casos de mulheres com idade acima de 40 anos, ou seja, o dobro da incidência se comparado com a taxa de aborto espontâneo verificado em mulheres com idade inferior a 35 anos. A principal causa disso está no aumento da freqüência de embriões portadores de anomalias nos cromossomos, os quais serão eliminados por seleção natural.

Alguns fetos portadores de tais anomalias podem, entretanto, se desenvolver até o termo da gestação. É o caso da anomalia conhecida por trissomia do 21. O risco de se ter uma criança portadora dessa deficiência é de um para cada 900 nascimentos quando as mães têm 30 anos. Mas sobe para um caso em cada 110 nascimentos quando as mães têm 40 anos. E para um caso em cada 12 nascimentos quando as mães têm 48 anos.

É possível fazer o diagnóstico de uma anomalia cromossomial no início da gravidez, graças à amniocentese.

6 Algumas mulheres engravidam após a menopausa. Como isso é possível?

Durante o período em que a mulher é fértil, a cada mês um folículo se transforma e a célula reprodutora (oócito) que ele contém atinge o estágio de óvulo (ver pergunta de nº 2). Este, ao ser expulso para as tubas uterinas, poderá ser fecundado.

A mulher em menopausa não possui nem folículos nem oócitos capazes de concluir esse processo. Para ela, uma gravidez só é possível se uma célula reprodutora jovem for fornecida. Para isso, ela precisa recorrer à doação de oócitos.

Fornecido por uma jovem doadora, esse oócito será fecundado *in vitro*, quer dizer, no laboratório, com o esperma do cônjuge da mulher em menopausa. Se forem obtidos embriões em laboratório, eles serão colocados no útero da mulher. Trata-se de um procedimento complexo, que só resultará na gravidez esperada em menos de um terço dos casos.

A gravidez é possível porque, muito depois da menopausa, o útero permanece apto a acolher um ovo fecundado. Para isso é preciso dar ao organismo aquilo que ele não produz mais, ou seja, a quantidade de hormônios (estrogênios e progesterona) necessária ao bom desenvolvimento da mucosa uterina. Até que idade isso é possível? Não se sabe. Na Califórnia (Estados Unidos), depois de uma doação de oócitos, uma mulher de 63 anos de idade pôde dar à luz por cesariana uma menina saudável. Nesse caso em particular, as complicações ao longo da gravidez – diabetes e hipertensão – não tiveram conseqüências importantes. Mas não é sempre assim.

As gestações tardias são ainda mais arriscadas porque, às vezes, são gestações múltiplas. Isso ocorre porque, para aumentar as chances de que um embrião se desenvolva, vários dos embriões obtidos em laboratório são implantados no útero... e, às vezes, todos acabam por se desenvolver.

CAPÍTULO 2

A menopausa: sintomas imediatos e conseqüências tardias

Logo que a menopausa se anuncia...

7 Quais são os sinais indicativos da menopausa?

De cada quatro casos de desaparecimento definitivo das menstruações, três são precedidos por modificações do ciclo menstrual, que correspondem às flutuações da produção de hormônios. Para entender melhor o que acontece, é preciso saber que duas fases aí se sucedem.

Num primeiro momento, por causa do aumento do número de ciclos sem ovulação – ou com ovulação de má qualidade –, surge uma insuficiência de progesterona, já que esse hormônio só é secretado após a ovulação (ver pergunta de nº 2). A quantidade de estrogênios torna-se, então, excessiva em relação à de progesterona.

Na prática, os ciclos permanecerão regulares, mas serão mais curtos ou acompanhados de manifestações incomuns. Por exemplo: as menstruações poderão ser mais longas ou mais abundantes do que antes. Ou, ainda, na véspera da menstruação, os seios podem ficar mais sensíveis, o equilíbrio nervoso mais frágil ou o ventre mais inchado. Dependendo da mulher, as manifestações serão mais ou menos freqüentes ou incômodas.

Se o desconforto for muito grande, um tratamento de "reequilíbrio hormonal" poderá ser adotado. Se seu médico for adepto da medicina clássica (alopatia), ele poderá prescrever um derivado da progesterona; se ele preferir os tratamentos homeopáticos, ele prescreverá *Folliculinum* em alta dinamização (ver pergunta de nº 77). O desequilíbrio hormonal nem sempre é indício de menopausa. Pode acontecer em qualquer idade e expressar um desequilíbrio causado por outra glândula, como a tireóide. Também pode ser decorrência de estresse.

Já num segundo momento, os folículos ovarianos apresentam um desenvolvimento cada vez mais restrito, quando então surgem sinais de insuficiência de estrogênios, provocando períodos mais ou menos longos sem menstruação: fala-se aí de amenorréia. As ondas de calor, sintoma mais característico da menopausa, começam em geral nessa fase.

Não é possível predizer o momento exato da menopausa baseando-se na data das primeiras perturbações. Na verdade, o climatério é de duração eminentemente variada (ver pergunta de n.º 3). A menopausa pode também passar despercebida, por exemplo, em uma mulher que usa pílula anticoncepcional (ver pergunta de n.º 8) ou em uma mulher que não tem mais útero (ver pergunta de n.º 9). Ela pode, enfim, ser "encoberta" pelo início precoce de um tratamento hormonal (ver pergunta de n.º 35).

Os casos de Ana Maria, de 54 anos, e Cora, de 60 anos

Ana Maria vem fazer sua consulta ginecológica de rotina. Ela foi motivada por sua filha, que está convencida da utilidade dos exames preventivos. Ana Maria tem uma boa memória e pode "contar sua menopausa". Lá pelos 43 ou 44 anos, seus ciclos menstruais, que eram muito regulares, encurtaram: passaram de 28 para 25 dias, em média. Ana Maria teve, ainda que raramente, ciclos de 15 dias. À época, por causa de sua atividade profissional bastante exigente, ela não se consultou.

Essas perturbações mínimas a incomodaram pouco: suas regras eram curtas (de três dias) e pouco abundantes. Parecia-lhe que os ciclos eram ainda mais curtos quando a tensão no trabalho tornava-se mais intensa e o cansaço mais acentuado. Esse período durou alguns anos, cerca de cinco ou seis. Depois, ao contrário, os ciclos se alongaram, as menstruações vinham apenas a cada três ou quatro meses. A partir de então, Ana Maria passou a sentir algumas ondas de calor. Ainda pode senti-las, mas não se preocupa com elas. De temperamento otimista e sempre absorvida por seu trabalho, ela prefere ignorar que existem e suporta tudo muito bem. Já faz três anos que ela está em menopausa.

Convencida pela família e amigos da necessidade de cuidar mais de sua saúde, ela deseja saber se, de agora em diante, deve fazer um tratamento para a menopausa. Uma pesquisa, incluindo um exame para avaliar a densidade óssea (ver perguntas de nº^s^ 24 a 26), vai lhe permitir tomar a melhor decisão.

Cora também se lembra de sua menopausa. Mas, diferentemente de Ana Maria, ela não apresentou sinais que a precedessem. Viúva aos 49 anos, suas menstruações pararam bruscamente um mês após o falecimento de seu marido.

O caso de Cora mostra que acontecimentos externos podem influir sobre a maneira como o corpo vai viver a menopausa. Esta pode surgir bruscamente, sem sinais que a anunciem e em conseqüência, por exemplo, de um acontecimento traumático.

Estes dois exemplos mostram também que o período que precede o desaparecimento das menstruações é específico para cada mulher, sua vivência é muito variável e os cuidados prestados devem, por isso, ser personalizados.

8 Aos 49 anos, eu ainda tomo pílulas anticoncepcionais. Como saber se já entrei na menopausa?

O uso da pílula clássica, que chamamos de "combinada" (estrogênio e progesterona), não modifica em nada a idade da menopausa. Mas irá mascará-la, já que a pílula contém dois componentes hormonais atuando, de um lado, como estrogênios, e, de outro, como progesterona.

Esses hormônios provocam o aparecimento de uma mucosa no útero. Quando o uso dos comprimidos é interrompido, a queda das taxas hormonais provoca a eliminação desse revestimento uterino, provocando menstruações artificiais, já que o funcionamento dos ovários está bloqueado.

Esses sangramentos em geral são menos abundantes do que a menstruação habitual; sua abundância depende da quantidade de hormônios presentes nas diversas pílulas.

Existe atualmente grande variedade de contraceptivos orais com quantidades variadas de hormônios. As pílulas com doses mais fracas podem não provocar menstruações, qualquer que seja a idade da mulher. Inversamente, pílulas com dose suficiente causarão menstruação mesmo numa mulher em menopausa e, assim, suprimirão todos os sinais ligados à falta de hormônios, particularmente as ondas de calor.

Uma mulher que toma pílula combinada e que está normalmente menstruada deve parar de usar a contracepção para saber se está em menopausa. Em todo caso, é preferível parar de tomá-la a partir de uma certa idade. Embora seus efeitos sejam comparáveis aos do tratamento de reposição hormonal (TRH), já que compensam a carência hormonal, a pílula combinada traz outros riscos para a saúde (ver pergunta de nº 59).

Se você está tomando pílula e quer saber se entrou na menopausa, outro método consiste em fazer dosagens hormonais do sangue ao final da semana em que interromper a pílula (que corresponde à semana da "menstruação"), embora esses resultados não sejam tão confiáveis. Seu médico aconselhará a melhor solução.

O caso de Genoveva, de 49 anos

Genoveva teve quatro filhos e se considera "muito fértil". Uma de suas gestações teve início quando ela esqueceu de tomar a pílula apenas por um dia; uma outra, quando ela usava dispositivo intra-uterino (DIU). Depois de dar à luz seu último filho, aos 38 anos, ela voltou a tomar pílula e desde então toma-a sem interrupção, ainda que esse tipo de método contraceptivo deva ser abandonado bem antes dos 49 anos. Genoveva nunca fumou. Ela não sofre de hipertensão e seus exames não mostram nenhum aumento da taxa de açúcar ou de lipídeos no sangue. Seu peso é normal e ela não tem problemas circulatórios. Seus antecedentes familiares, em parti-

cular no campo cardiocirculatório, não revelam problemas importantes. O meio contraceptivo que usava não apresentou riscos particulares e ela pôde então mantê-lo. Agora, é preferível que ela interrompa o método, que se tornou dispensável. Pouco tempo depois da interrupção, Genoveva passou a se queixar de ondas de calor (fogachos). Dois meses depois de ter parado de tomar a pílula, ela apresentou nova menstruação, pouco abundante. Para reagir ao desconforto das ondas de calor, um tratamento hormonal foi rapidamente prescrito. Ele inclui estradiol, que provoca menos riscos de efeitos colaterais que o estrogênio contido na pílula (ver pergunta de n.º 59), e um progestágeno a ser tomado 20 dias por mês. Apesar de ser um verdadeiro tratamento para a menopausa – podendo ser seguido durante vários anos –, ele levará, neste caso específico, ao bloqueio dos ovários (ver pergunta de n.º 35), assegurando a Genoveva que ela não engravide, o que irá tranqüilizá-la.

Existem também contraceptivos orais que não contêm estrogênios. São chamados de micropílulas (ou micropílulas progestativas). Elas são tomadas continuamente, sem períodos de interrupção. Apresentam menos contra-indicações do que as pílulas combinadas e podem ser prescritas para mulheres com pressão muito alta, diabetes ou excesso de colesterol no sangue.

Algumas mulheres menstruam regularmente com esse tipo de pílulas, outras não menstruam ou apresentam ciclos irregulares. Como essas pílulas não contêm estrogênios, elas não mascaram os sintomas da menopausa. São, entretanto, raramente indicadas no climatério porque, paradoxalmente, aumentam o risco de se ter insuficiência de progesterona (ver pergunta de nº 7). Quando são perfeitamente toleradas – e se assim for o desejo da mulher –, podem ser mantidas sem nenhum inconveniente.

O caso de Sílvia, de 51 anos

Sílvia tomava micropílula havia oito anos. Há alguns meses, suas menstruações às vezes adiantavam, às vezes atrasavam. Antes, porém, seus ciclos eram perfeitamente regulares. Ela se queixava de secura vaginal (o que atrapalha as relações sexuais) e da diminuição da libido.

Esses sinais permitiram diagnosticar o início do climatério. Sílvia manifestou o desejo de parar com toda a contracepção. Um tratamento local (estrogênios em cremes e óvulos, ver pergunta de n.º 40) foi prescrito para combater a secura vaginal. Um ano depois dessa consulta, Sílvia voltou e relatou ao médico que a menstruação já não ocorria havia quatro meses, aproveitando a consulta para se queixar das ondas de calor. A partir daí, Sílvia deu início a um tratamento de reposição hormonal.

9 Depois da retirada do útero, eu não menstruo mais, mas não tenho nenhum sintoma de menopausa. Como saber quando ela chegou?

Quando o útero é retirado (histerectomia), às vezes é necessário retirar simultaneamente os ovários. Nesse caso, os sintomas da menopausa se manifestam muito rapidamente.

Mas se não aparecer nenhum sintoma, é porque provavelmente os ovários não foram extirpados na operação. A menopausa ocorrerá, então, na mesma data em que viria se não houvesse sido feita a histerectomia. Esse momento pode parecer difícil de se determinar.

As ondas de calor podem ser episódicas ou inexistentes. O desconforto vaginal é percebido no início da menopausa essencialmente por mulheres que mantêm atividade sexual. Além do mais, é bem possível não fazermos a ligação entre certos sintomas e a menopausa, quando eles não são acompanhados por problemas de menstruação.

Assim sendo, dores articulares, cansaço ou alterações da pele (secura, repuxões etc., ver pergunta de nº 21) podem não ser relacionados à sua verdadeira causa. O fim do funcionamento dos ovários pode, portanto, ocorrer sem ser notado. Entretanto, é importante saber se a carência hormonal que caracteriza a menopausa já se instalou no organismo quando se deseja seguir um tratamento de reposição hormonal.

Nesse caso, é necessário comparecer regularmente à consulta depois da operação, para dar início ao tratamento no momento adequado. É possível fazer dosagens hormonais em certos casos, mas seus resultados geralmente são inúteis.

Um estudo atento dos sintomas e um exame médico são suficientes para saber se existe insuficiência hormonal. Se o exame mostrar especificamente uma atrofia e palidez das mucosas vulvar e vaginal, pode-se afirmar que há carência de estrogênios. Com um pouco de vigilância e acompanhamento, você pode então iniciar, no melhor momento, um tratamento que lhe pareça – e a seu médico – o mais adequado.

As conseqüências da menopausa a curto e médio prazos

10 Quais são os efeitos da menopausa a curto e médio prazos?

A menopausa caracteriza-se essencialmente pela diminuição e, depois, pelo desaparecimento dos hormônios femininos chamados estrogênios. Esses hormônios agem sobre um grande número de órgãos e tecidos. Isso explica por que a menopausa tem repercussões a curto e médio prazos não somente sobre o aparelho genital, mas também sobre partes do corpo tão diferenciadas quanto o sistema nervoso, a bexiga ou a pele.

A longo prazo, a carência de estrogênios pode ter conseqüências sobre os ossos e o aparelho circulatório. A proporção de mulheres que, no momento da menopausa, não sentem nenhuma das manifestações imediatas é da ordem de 15 a 20%. O único sinal de que os ovários pararam de funcionar é o desaparecimento das menstruações.

Em outros casos aparecem problemas (ver tabela a seguir). O desconforto que eles podem provocar varia e depende muito do temperamento de cada mulher. Mas pode muito bem se manifestar de forma acentuada, perturbando a vida social, profissional e familiar de mais da metade dessas mulheres.

Felizmente, existem hoje em dia numerosos meios que permitem suprimir ou atenuar os sintomas excessivamente incômodos.

Qualquer que seja a intensidade das manifestações imediatas, toda mulher deveria preocupar-se com as eventuais conseqüências da carência hormonal, em especial sobre os ossos. É bem verdade que os riscos não são iguais para todas e a prevenção desempenha aqui um papel de grande importância.

Freqüência aproximada de alguns sintomas de início da menopausa

Ondas de calor (fogachos)	75 a 80%
Alterações do sono, fadiga, modificações do humor	60%
Perturbações da sexualidade	50 a 70%
Ressecamento vaginal	45 a 50%
Perdas urinárias	35 a 50%
Incômodo na boca	30 a 40%
Modificações notáveis da voz	17%

11 O que são as ondas de calor? Como se manifestam? Durante quanto tempo nos fazem sofrer?

As ondas de calor ou fogachos se manifestam em geral como uma sensação de calor no rosto e no alto do corpo. Podem ser precedidas de mal-estar, angústia ou uma sensação de opressão, e acompanhadas freqüentemente de palpitações, rubor da face ou transpiração excessiva.

Podem, ainda, vir acompanhadas de arrepios e tremores. Suas características variam muito de uma mulher para outra (ver perguntas de n.os 78 e 79).

A duração dos fogachos é breve e raramente ultrapassa alguns minutos. Sua freqüência pode variar periodicamente e ocorrer a qualquer hora do dia ou da noite. Nesse último caso, há interrupções do sono, com o despertar acontecendo antes do fogacho e não depois, como se poderia pensar.

Os suores noturnos podem ser mais ou menos importantes, mas às vezes são tão abundantes que molham os lençóis e obrigam a mulher a levantar-se para trocar a roupa de dormir.

Durante o dia, as ondas de calor manifestam-se mais particularmente em certas situações como: emoções intensas, bruscas mudanças de temperatura, consumo de álcool ou ao final de uma refeição.

Aparecendo pela primeira vez no climatério, elas podem prolongar-se por vários anos. Em quase 50% das mulheres que sentem fogachos, as ondas de calor poderão continuar a se manifestar até cinco anos depois do desaparecimento da menstruação. E podem durar até 10 anos, em 10 a 25% delas.

Simone, de 75 anos: um caso raro

Simone foi uma das pioneiras no tratamento hormonal. Entrou em menopausa aos 55 anos, sentiu ondas de calor e tomou estrogênios durante 11 anos, primeiro injetáveis e depois em comprimidos. Nos primeiros tratamentos, o único hormônio prescrito era o estrogênio. Sabe-se hoje que a progesterona deve sempre estar associada a ele para evitar o aparecimento de pólipos no interior do útero ou mesmo de câncer.

Depois de 11 anos de tratamento hormonal, exames revelaram em Simone a presença de pólipos na cavidade uterina. Efetuou-se então a retirada do útero e dos ovários. Após a operação, apareceram violentas ondas de calor que Simone tentou suportar durante quatro anos. Aos 70 anos, ela quis recomeçar um tratamento hormonal, o que rapidamente lhe trouxe alívio. Cinco anos mais tarde, ela continuava a seguir o tratamento porque os fogachos reapareciam a cada tentativa de interrupção. Este é um caso extremo. Felizmente, é muito raro que as ondas de calor persistam até 20 anos depois da menopausa. Em geral, esse sintoma não reaparece depois de um tratamento hormonal de vários anos de duração.

12 Qual é a causa das ondas de calor? Algumas mulheres têm mais risco de apresentá-las do que outras?

A origem das ondas de calor ainda é pouco conhecida. Apesar de o tratamento hormonal ser eficaz contra o desconforto que ocasionam, a insuficiência hormonal não é sua causa direta. Aliás, existem em mulheres jovens situações de carência de estrogênio que não são acompanhadas de nenhum mal-estar desse tipo. Os cientistas suspeitam que os fogachos podem originar-se de um desregramento do centro de termorregulação do organismo.

Esse centro serve para manter a temperatura do corpo a um nível constante. Ele está situado no hipotálamo, próximo à zona que regula os sistemas hormonais (ver esquema nº 2 e pergunta de nº 2). Na mulher em menopausa, esse centro receberia informações errôneas indicando a necessidade de baixar rapidamente a temperatura geral do organismo. A transpiração e a dilatação dos vasos sangüíneos que acompanham as ondas de calor seriam os meios empregados pelo corpo para alcançar tal objetivo.

Essas tentativas de explicação científica do fenômeno ainda não renderam um tratamento eficaz para todas as mulheres. E tampouco explicam por que certas mulheres são poupadas desse sintoma e outras não.

Cerca de três entre quatro mulheres sofrem de ondas de calor, em graus diversos. O psiquismo parece ter um papel importante nessas diferenças. As mulheres ocupadas com suas atividades profissionais teriam menos ondas de calor do que aquelas que não têm uma ocupação envolvente. Da mesma forma, as que ainda têm filhos morando em casa teriam menos fogachos do que aquelas cujos filhos já foram morar fora.

Existe outro dado que apóia essa hipótese da influência do estado psíquico da mulher sobre a ocorrência de ondas de calor: o uso de um medicamento antidepressivo mostrou alguma eficácia no tratamento desse sintoma (diminuição de 61% do número de fogachos contra 27% para o placebo).

Em contrapartida, um estudo realizado entre mulheres esportistas mostrou uma freqüência duas vezes menor de ondas de calor do que entre as outras mulheres. Não se sabe se é o estado mental que preserva essas mulheres ou se são os efeitos benéficos da atividade física.

A freqüência dos sintomas percebidos na menopausa parece bastante similar nas mulheres dos diversos países ocidentais. Mas, ao comparar diferentes civilizações, constatam-se importantes variações.

Na África, a incidência de ondas de calor foi estudada em certas etnias. Ela é sempre bem inferior (da ordem de 30 a 40%) à da mulher ocidental. Essa porcentagem cai ainda mais nos países cuja cultura valoriza a mulher em menopausa.

Quando as mulheres vêem seu *status* social aumentar depois da menopausa, os sintomas são quase inexistentes. Na Índia, onde a menopausa representa uma tensão importante, as ondas de calor são freqüentes. No Japão, ao contrário, esse sintoma é raro: menos de 20% das mulheres se queixam.

No caso das japonesas, levantou-se a hipótese de a baixa incidência do sintoma ter relação com a cultura e a alimentação. De fato, sua alimentação rica em soja fornece-lhes fitoestrogênios em quantidade. Esses compostos são objeto de estudos que visam medir sua eficácia no tratamento dos sintomas da menopausa e, em particular, das ondas de calor (ver pergunta de nº 65).

13 Com apenas 40 anos, eu tenho fogachos. Já é a menopausa?

A menopausa não é a única causa de aparecimento de ondas de calor, ainda que seja a mais freqüente. Emoções intensas, álcool, alguns medicamentos, alergias, afecção da glândula tireóide também podem provocá-las.

Quando perturbações do ciclo menstrual acompanhadas de ondas de calor ocorrem acima dos 45 anos, em geral nenhum exame complementar é necessário para afirmar que se trata do início do climatério; as dosagens hormonais são habitualmente inúteis. Apenas um exame ginecológico é realizado.

Mas antes dessa idade, ao contrário, pode ser necessário comprovar o diagnóstico com um exame de sangue. As dosagens hormonais permitem verificar se há uma disfunção da glândula tireóide, o que exigiria um tratamento específico. Elas permitem também assegurar que a causa das ondas de calor é de fato a menopausa, o que tem grande importância para uma mulher relativamente jovem (antes dos 40 anos, fala-se em "menopausa precoce", ver pergunta de nº 3), já que isso significa, entre outras coisas, o fim da fertilidade.

É pela dosagem de FSH que se confirma o diagnóstico de falência ovariana. Nesse caso, a taxa do hormônio produzido pela hipófise é elevada (ver pergunta de nº 2).

O caso de Isabela, de 40 anos

Isabela vem à consulta porque percebeu um atraso de 15 dias na menstruação. Ela é casada, tem três filhos – o caçula está com nove anos de idade. Ela tomou pílula desde o nascimento do seu terceiro filho e, depois disso, adotou outro método contraceptivo, o DIU. Ela sabe bem que esse meio de contracepção não é completamente seguro e receia estar grávida. No entanto, ela não apresenta nenhum dos sintomas que teve no início de cada uma de suas gestações. Ela não tem náuseas, os seios não estão inchados. Além do mais, fez um teste de farmácia para gravidez que deu negativo.

Isabela se sente um pouco cansada e, às vezes, tem muito calor, justo ela que era friorenta. Sua mãe entrou em menopausa muito jovem, aos 45 anos. Sua irmã, dois anos mais velha, começou há pouco um tratamento com progesterona para irregularidades do ciclo menstrual.

Durante o exame ginecológico, nenhum sinal de gravidez foi constatado. Ao contrário, há indícios de insuficiência hormonal, já que a vulva apresenta uma coloração muito pálida. Isabela, entretanto, não sente nenhum incômodo. Seus antecedentes familiares, os resultados de seu exame clínico e a existência de ondas de calor levam a suspeitar de início de falência dos ovários. Um exame de sangue revela taxa alta de FSH, o que confirma o diagnóstico. Isabela volta a ter ciclos normais, sem tratamento, dali a três meses. Durante quase um ano, ela não apresentou nenhum problema. Depois, voltou a ter novos períodos sem regras acompanhados de fogachos moderados, que ela gostaria de tratar. Ela entrou final-

mente em menopausa quatro anos mais tarde. Considerando sua pouca idade, uma terapia de reposição hormonal será aconselhada. O risco de sofrer conseqüências da menopausa, particularmente osteoporose, é tanto maior quanto maior for o tempo que o organismo passar sem estrogênios.

---

14 Deve-se tratar as ondas de calor? Quais são os diferentes tratamentos que existem hoje?

As ondas de calor em si não são graves. Mas as perturbações de sono que às vezes as acompanham podem ser causa de uma grande fadiga e de um estado depressivo. Os sinais de depressão são duas vezes e meia mais freqüentes nas mulheres em menopausa com ondas de calor do que entre aquelas que não sentem esses fogachos. O desconforto depende de fato da freqüência, da intensidade e da duração das crises, mas também das obrigações familiares e profissionais de cada uma.

O mais eficaz é o tratamento hormonal, porém, existem outras soluções para aquelas que não podem beneficiar-se dele ou simplesmente não queiram.

Certos medicamentos não-hormonais podem ser indicados mediante prescrição médica: eles não têm efeito sobre os outros problemas da menopausa e só agem contra as ondas de calor. Pode-se optar também pelos fitoestrogênios (ver pergunta de nº 65). Essas substâncias são vendidas livremente nas farmácias, mas é aconselhável um acompanhamento médico em caso de uso regular.

Enfim, há ainda os medicamentos homeopáticos, que devem ser adaptados a cada mulher, dependendo das características das próprias ondas de calor (ver perguntas de nºs 78 e 79). A todos esses tratamentos podem ser associados, de maneira positiva, exercícios físicos e exercícios de relaxamento com base na respiração.

15 Tenho 48 anos e há alguns meses venho sofrendo alterações de humor. Estou até um pouco deprimida. Isso pode estar relacionado à menopausa?

Com a aproximação da menopausa, é bastante comum que a mulher se ressinta de fadiga, insônia, irritabilidade e ansiedade. Com menos freqüência podem aparecer sinais de depressão, mais ou menos acentuados. De tudo o que leva a mudanças de humor, nem sempre é fácil determinar o que está relacionado a perturbações hormonais e o que está relacionado às dificuldades emocionais da mulher em se adaptar à "transição" que a menopausa representa.

Os hormônios têm efeitos diferenciados sobre o sistema nervoso: estrogênios são excitantes e a progesterona é calmante. No climatério, a produção hormonal é anárquica, o que explicaria a irritabilidade e a ansiedade que, nesse período, atingem as mulheres. Essas alterações serão menos freqüentes depois de a menopausa ter-se instalado plenamente, quando, então, predominarão a fadiga e os estados depressivos. Em muitos casos, restabelecer o equilíbrio hormonal é uma maneira eficaz para se retomar o equilíbrio nervoso, mesmo quando as alterações de humor pareçam ter também causas psicológicas.

Para certas mulheres, especialmente as que não tiveram filhos, perder a capacidade de conceber pode ser uma experiência dolorosa. As chances de gravidez diminuem ao longo dos anos. Apesar disso, não é incomum que, no inconsciente de uma mulher, uma pequena voz continue soprando-lhe: "enquanto eu não entrar em menopausa, ainda é possível".

Para outras mulheres, o fato de ver seus filhos deixarem a casa é que vai provocar a sensação de vazio. O casal nem sempre resiste a isso. Além do mais, o corpo muda e o olhar da sociedade também. Aquelas que estiverem à procura de emprego nessa etapa da vida percebem-no mais do que as demais. A menopausa pode ser associada a um forte sentimento de envelhecimento às vezes difícil de administrar. Mas pode também ser uma etapa em que, mesmo sendo necessário fazer um balanço potencialmente doloroso da vida, essa reflexão permitirá à mulher adquirir uma visão nova e mais construtiva do seu futuro.

O caso de Eveline, de 48 anos

Há cerca de seis meses, Eveline vem sentindo-se muito irritada. Ela não suporta nenhum comentário e briga freqüentemente com o marido. Ela teme que suas mudanças bruscas de humor acabem por destruir seu casamento. Sente-se angustiada e acorda sistematicamente às 4h da manhã e em geral só volta a dormir na hora em que deve levantar-se para ir trabalhar. O cansaço acumula-se, ela teme que isso atinja sua vida profissional.

Eveline tem a impressão de estar sendo sempre desfavoravelmente comparada a suas colegas mais jovens. Sua irritabilidade acentua-se, sobretudo, na semana que antecede a menstruação. Por isso, Eveline acha que seus problemas têm provavelmente origem hormonal, até porque seus ciclos estão muito irregulares.

Na verdade, Eveline teme a chegada da menopausa. Ela percebe seu corpo modificar-se. Suas saias e calças estão mais justas e ela acha que engordou uns dois ou três quilos. Suas mudanças de humor certamente têm várias causas. Os desentendimentos com seu marido acumulam-se.

Seu trabalho já não traz muita satisfação. Acha difícil aceitar as modificações de seu corpo. Além do mais, o desequilíbrio hormonal que está começando pode abalar ainda mais seu sistema nervoso. Seus problemas têm diversas causas, que valeriam uma boa reflexão, eventualmente com a ajuda de um terapeuta. Mas, neste primeiro momento, Eveline interessa-se em fazer um tratamento hormonal que a ajudará a retomar sua autoconfiança.

---

16 A menopausa tem efeito sobre a sexualidade?

As mulheres em menopausa se referem freqüentemente a uma diminuição do interesse pelo sexo. Também neste caso não é fácil diferenciar as causas hormonais das causas psicológicas. O desejo sexual depende fortemente dos elos estabelecidos entre os dois parceiros, de seu mútuo entendimento, de sua história passada e presente. Mas a libido diminui quando um estado depressivo se instala, qualquer que seja a qualidade dos elos.

O estado depressivo pode ser um dos sintomas que acompanham a menopausa (ver pergunta de nº 15). No que se refere às causas hormonais, sabe-se que os estrogênios têm efeito excitante sobre a libido. No entanto, a diminuição do desejo dependeria menos da queda desses hormônios do que da queda dos androgênios (hormônios masculinos). Estes últimos continuam presentes no organismo feminino, já que são secretados pelas glândulas supra-renais e pelos ovários. Mas também diminuem com a menopausa, ainda que de maneira mais lenta do que os hormônios femininos.

Paralelamente, é certo que a queda dos estrogênios leva a modificações das vias genitais, que podem atrapalhar as relações sexuais. A espessura da mucosa vaginal diminui. Com o passar do tempo, torna-se extremamente fina: dizemos que ela atrofia-se. Fica frágil e as relações sexuais podem provocar sangramentos. Torna-se mais sensível às infecções por causa da diminuição da acidez local.

A vagina perde elasticidade e resseca-se. Progressivamente, sua entrada estreita-se. Ressecamento, infecções e, mais tarde, estreitamento: tais transformações podem tornar as relações íntimas dolorosas, ainda mais se forem pouco freqüentes. A dor talvez atenue o desejo, também indispensável para uma boa lubrificação, e isto pode acentuar a secura vaginal. A mulher em menopausa fica assim mais suscetível a entrar num círculo vicioso, já que a carência hormonal pode modificar também as sensações percebidas durante as relações íntimas. A resposta da mulher à estimulação sexual feita pelo parceiro pode ser mais lenta e menos intensa. A sensibilidade da pele pode ser menor, alterando as sensações provocadas pelas carícias.

A diminuição da freqüência das relações sexuais depois da menopausa pode ter causas diversas e ser explicada, às vezes, pela fadiga e menor condição física.

Mas o parceiro também pode ter sua parte de responsabilidade, sobretudo após os 60 anos de idade. O desejo do homem, assim como o da mulher, nessa idade diminui e a isso se somam possíveis falhas de seu desempenho sexual.

Em todo caso, a menopausa não deve necessariamente ser associada ao fim da sexualidade feminina, mesmo que esta diminua com o avanço da idade: um tratamento hormonal irá atenuar as transformações da mucosa vaginal (ver pergunta de nº 17) e, em parte, também a diminuição da libido.

17 Eu tenho uma sensação de secura na vagina que me incomoda durante as relações sexuais. É possível remediá-la?

O ressecamento vaginal que ocorre no climatério e pós-menopausa, resultado das transformações causadas pela insuficiência de estrogênio, pode ser tratado de diversas maneiras, com ou sem hormônios. As paredes vaginais tornam-se mais finas, menos elásticas, mais frágeis; as secreções diminuem. Durante o climatério o tratamento deve ser local. Pode-se utilizar estrogênios em óvulos ou em creme (ver pergunta de nº 40).

A insuficiência de estrogênios pode ser também conseqüência de um tratamento hormonal (prescrito como contraceptivo ou por outra razão) que não está mais adaptado. Tal tratamento deverá então ser modificado para que ocorra um melhor equilíbrio entre os diferentes hormônios, já que o excesso de progesterona em relação ao estrogênio pode ser a causa do ressecamento vaginal (ver pergunta de nº 35).

Após a menopausa, pode-se ainda valer de um tratamento local para remediar esse problema, mas é possível também recorrer a uma terapêutica de reposição hormonal ou até mesmo associar os dois.

De maneira geral, é preferível utilizar sabonetes adaptados à higiene íntima. O ressecamento vaginal pode ser agravado por repetidas lavagens com produtos agressivos, que contribuem para destruir as defesas naturais. A diminuição do desejo sexual também pode intensificá-lo, já que isso leva a uma insuficiência da lubrificação durante a relação íntima. Produtos lubrificantes a serem aplicados imediatamente antes da relação sexual estão à venda nas farmácias.

18 Eu não tenho mais coragem de ir às aulas de ginástica porque, com certos movimentos, tenho perdas urinárias. O que posso fazer?

As perdas involuntárias de urina são devidas, em certos casos, ao enfraquecimento dos músculos do períneo que sustentam os órgãos da pelve. Eventualmente já prejudicados pelos partos, esses músculos perdem tônus após a menopausa. Pode então acontecer de haver perda urinária durante um esforço, quer dizer, em todo movimento que provoque uma descida da bexiga: práticas esportivas ou simplesmente quando se ri, tosse ou espirra. Não é preciso deixar que a vida perca a graça por causa desse problema, já que existem soluções, a começar pela reeducação dos músculos do períneo.

Você pode avaliar por si mesma a eficácia desses músculos tentando reter o jato durante a micção. Se não conseguir, ou se a contração muscular for insuficiente para interromper o jato de urina, será indispensável recorrer à reeducação.

Um exame ginecológico também permite avaliar facilmente a tonicidade dos músculos do períneo e decidir se uma reeducação é necessária. O objetivo da reeducação, feita por fisioterapeutas que possuem material especializado, é reforçar os músculos do períneo e fazer você reaprender a controlá-los voluntariamente. Sessões de exercícios simples podem ser completadas por duas técnicas: eletroestimulação e *biofeedback*.

Para realizá-las, o fisioterapeuta deve introduzir uma sonda na vagina. Na eletroestimulação, essa sonda estimula eletricamente, sem dor, a musculatura do períneo. Essa técnica facilita a tomada de consciência dos movimentos a serem efetuados para assegurar uma sustentação eficaz da bexiga durante os esforços. Outra vantagem: às vezes, reforça ligeiramente o esfíncter da uretra, que é responsável, em condições normais, pelo fechamento das vias urinárias e cuja eficácia diminui com a idade e a carência hormonal.

A técnica do *biofeedback* permite à mulher, por sua vez, avaliar a eficácia das contrações perineais, visualizando-as numa tela ou graças a um sinal sonoro. Ela pode assim verificar seus progressos e corrigir os "maus" movimentos, como a contração dos músculos abdominais durante o fechamento do esfíncter. Os exercícios ensinados pelo fisioterapeuta devem, é claro, continuar a ser praticados regularmente em casa. A todo esforço, em particular nas aulas de ginástica, será indispensável pensar em contrair os músculos do períneo para evitar as perdas. A reeducação pode ser facilitada por um tratamento local de estrogênios, o que melhorará a eficácia de travamento dos esfíncteres.

Em certos casos, felizmente bastante raros, a incontinência urinária de esforço necessita de cirurgia.

Existem casos de mulheres que apresentam a chamada "bexiga instável", ou seja, aquela que tem perdas urinárias na ausência de qualquer esforço: uma vontade incontrolável de urinar irrompe em diversas circunstâncias como, por exemplo, ao se escutar água correr. Além dos métodos de reeducação já mencionados, medicamentos específicos podem ser prescritos para tratar desse problema.

Uma mulher pode ter, ao mesmo tempo, perdas de esforço e bexiga instável (ver pergunta de nº 31).

Mas qualquer que seja o seu problema urinário, fale francamente sobre ele com seu médico, sem ter vergonha: é um problema freqüente nas mulheres e ele saberá lhe prescrever o tratamento mais adequado.

19 Eu notei que tenho infecções urinárias mais freqüentes desde que entrei em menopausa. Há uma ligação?

O desaparecimento dos estrogênios decorrente da menopausa efetivamente favorece a ocorrência de infecções urinárias, embora elas sejam comuns na mulher, em qualquer idade, devido à sua anatomia. Na realidade, o canal que liga a bexiga ao exterior (a uretra) é curto, o que permite que germes vindos do intestino subam facilmente até a bexiga para infectá-la. Depois da menopausa, as mucosas genital e urinária, privadas de hormônios, defendem-se menos contra certas infecções.

O tratamento hormonal (por via oral ou local) reativa o sistema de defesa contra as bactérias (ver pergunta de nº 40).

Para evitar infecções freqüentes demais, as mulheres que são especialmente susceptíveis devem tomar algumas precauções a fim de diminuir o número de germes intestinais presentes nas mucosas. Deve-se evitar, antes de tudo, a prisão de ventre, recorrendo a uma atividade física regular e a um regime alimentar rico em frutas e legumes e pobre em gorduras. Também é preciso beber muito líquido, o que permite ao mesmo tempo escapar da constipação intestinal e urinar com freqüência, um remédio que, às vezes, é suficiente para afastar os germes e evitar a infecção urinária.

Depois da menopausa, podem ocorrer também "cistites sem infecção". São afecções com sintomas comparáveis aos de uma infecção: ardor nas vias urinárias com desejo de urinar várias vezes e em pouca quantidade (polaquiúria), mas sem que, no exame laboratorial da urina, sejam encontrados germes. A afecção é aqui causada unicamente pela falta de hormônios e, portanto, um tratamento hormonal bastará para tratá-la.

20 Eu vou obrigatoriamente engordar na menopausa?

O ganho de peso é uma das preocupações mais freqüentes das mulheres no climatério e menopausa. Antes de tudo, é preciso saber que a silhueta se modifica nesse período. Essa mudança de formas pode às vezes ser interpretada erroneamente como ganho de peso. A distribuição da gordura corporal depende das secreções hormonais.

Uma das conseqüências da diminuição dos estrogênios é a concentração de gorduras preferencialmente no ventre – e não mais nas coxas e quadris. Fala-se de distribuição "andróide" (ou masculina) da gordura por oposição à sua distribuição mais tipicamente feminina, conhecida por "ginecóide".

Para saber se o aumento da quantidade de gordura no abdome é significativa, basta medir a sua circunferência. Fala-se de "obesidade abdominal" a partir de 85 a 90 centímetros.

Essa localização "masculina" da gordura no abdome faz parte dos fatores que elevam o risco cardiovascular após a menopausa. Ela também aumenta o risco de câncer do seio e do endométrio. Uma vez instalada, a gordura abdominal é difícil de ser desalojada. Portanto, é preferível tentar prevenir seu aparecimento com um regime alimentar equilibrado, uma atividade física regular e, eventualmente, um tratamento de reposição hormonal.

O ganho de peso às vezes é real e pode ser causado por três fatores: o aumento natural de peso verificado com a idade; as variações de humor no climatério, que podem ser acompanhadas de "boquinhas" de compensação, com particular atração por alimentos gordurosos e açucarados, bastante calóricos; e, por fim, a diminuição da massa magra no momento da menopausa.

O que é diminuição da massa magra? A massa magra é o conjunto formado pelos músculos, esqueleto, vísceras e líquidos do organismo. Sua diminuição está ligada essencialmente à perda muscular.

Quanto mais músculos, mais o organismo consome energia, seja numa atividade física ou em repouso. Então, a diminuição da massa muscular leva a uma redução da quantidade de calorias queimada a cada dia. A queda da taxa de estrogênio é uma das responsáveis por essa diminuição da massa magra. Nesse mesmo período, as modificações de outros hormônios (em particular, o hormônio de crescimento ou GH) poderiam desempenhar aí também um papel importante.

Inversamente, a proporção de massa gorda (o conjunto das gorduras do organismo), de maneira geral, é multiplicada por dois entre os 20 e os 60 anos de idade, mesmo quando o peso não varia.

Conselhos básicos para evitar o aumento de peso:

- Comer em horários regulares, sem pular refeições.
- Comer sentada, lentamente e com calma.
- Evitar beliscar entre as refeições.
- Evitar alimentos ricos em gorduras e em açúcar, assim como bebidas açucaradas e álcool.
- Aumentar o consumo de frutas e legumes.
- Privilegiar as comidas sem gorduras.

O aumento de peso é, em geral, resultante da soma de diversos fatores conjugando uma insuficiência de gastos energéticos com um excesso de consumo. A melhor solução para evitá-lo consiste em agir sobre esses dois pontos.

Para frear a diminuição da massa muscular e aumentar o metabolismo basal (que é a função fisiológica que queima as calorias nos períodos de repouso a fim de assegurar o funcionamento do conjunto do organismo), a prática de uma atividade física regular é indispensável (ver pergunta de nº 91).

Os exercícios de musculação são os mais eficazes. E há exercícios perfeitamente adaptados à sua idade e condição física. Paralelamente, para compensar a diminuição de necessidade energética, é preciso reduzir o consumo de calorias.

Mas atenção! Um regime hipocalórico severo demais agrava a perda muscular e pode produzir um efeito contrário do desejado. Além do mais, tem uma influência nefasta sobre a auto-estima. E se a auto-estima baixar, é provável que o regime seja interrompido rapidamente e os abusos recomecem... com o conseqüente retorno dos quilos. Portanto, é aconselhável cuidar da alimentação, mas sem fazer um regime realmente restritivo.

Como saber se seu peso está normal para os padrões médicos?

Para saber se seu peso está normal para os padrões médicos, é preciso conhecer seu índice de massa corporal (IMC). Para calculá-lo, divida seu peso (em quilos) pela sua altura (em metro) elevada ao quadrado (P/A^2).

Por exemplo, se você mede 1,68 m para 66 kg, seu IMC é de 23,4 [= 66: (1,68 x 1,68)], portanto, é normal. Do ponto de vista da saúde, o peso é considerado normal se o IMC estiver situado entre 20 e 25. Mais de 25, acusa excesso de peso e menos de 20, insuficiência de peso.

---

21 As modificações hormonais que ocorrem na menopausa repercutem na pele, pêlos e cabelos?

No climatério, aparecem modificações da pilosidade, da pele e dos cabelos. Elas são variáveis (às vezes até inexistentes) conforme as predisposições hereditárias de cada mulher. Em algumas, a pilosidade pode aumentar, especialmente no queixo e lábio superior. Os cabelos podem ficar mais oleosos e cair. A pele também pode sofrer de um excesso de oleosidade, até mesmo com crises de acne.

Essas modificações da pele e fâneros (unhas, pelos, cabelos etc.) devem-se à ação dos hormônios masculinos produzidos pelas suprarenais e os ovários. E não porque eles passam a ser secretados em maiores quantidades, muito pelo contrário, mas porque sua ação é facilitada por serem cada vez menos contrabalançados pelos hormônios femininos, cujas taxas diminuem com a aproximação da menopausa (primeiro, a progesterona; depois, os estrogênios).

Existe tratamento hormonal específico contra essas manifestações ligadas ao excesso de hormônios masculinos, como acne, queda de cabelos ou excesso de pêlos.

No caso de pilosidade indesejável no rosto, é bom ouvir também a opinião de um dermatologista, que poderá lhe recomendar uma depilação elétrica ou a laser.

Quando a menopausa já está confirmada há vários anos, a quantidade de sebo secretada se torna insuficiente, o que é uma das causas da sensação de secura da pele que aparece com a idade. A pilosidade diminui nas pernas, axilas e púbis. Em contrapartida, ela pode persistir no queixo. Enfim, ao longo do tempo, a textura do cabelo modifica-se, ele se torna mais seco e quebradiço, perde o brilho. Tudo indica que esse fenômeno esteja mais ligado ao envelhecimento do que à carência hormonal.

O envelhecimento da pele depende da hereditariedade, mas também dos antigos hábitos de fumar e se expor ao sol. Em conseqüência, os sinais visíveis (rugas, queda das pálpebras, olheiras, relaxamento do contorno do rosto) surgem em ritmo variado. O envelhecimento intrínseco da pele, aquele ligado ao avanço da idade, se traduz por modificações no interior de duas de suas camadas mais externas, a epiderme e a derme.

A camada superficial (a epiderme) se afina e suas células principais (os queratócitos) se renovam mais devagar. A hidratação diminui.

As células produtoras de pigmentos de melanina (que protegem dos raios solares) adelgaçam-se. Aparecem manchas irregulares.

Para completar, as células que participam das defesas imunológicas se tornam menos atuantes. A derme perde uma parte das moléculas que servem-lhe de reservatório de água, acentuando a desidratação da pele. Suas fibras de colágeno e de elastina se modificam, o que induz à perda de elasticidade e de firmeza da pele, levando ao aparecimento de rugas.

Depois da menopausa, a queda da taxa de estrogênio é responsável pelas modificações cutâneas que se acumulam. A pele afina-se consideravelmente a partir desse momento. A atividade das células da epiderme e da derme reduz-se, com a conseqüente diminuição da hidratação. As fibras de colágeno tornam-se menos numerosas. A circulação sangüínea é prejudicada.

As conseqüências visíveis são a acentuação das rugas e "pés de galinha", a diminuição da maciez e da hidratação da pele – fenômenos que o tratamento com estrogênios pode compensar (ver pergunta de nº 42).

22 Eu sou cantora. Minha voz pode modificar-se na menopausa?

Os estrogênios agem tanto sobre a mucosa da laringe quanto sobre as mucosas genitais. Seu desaparecimento leva, portanto, ao adelgaçamento e ressecamento progressivos da mucosa da laringe (atrofia). Ao mesmo tempo, as fibras musculares das cordas vocais também adelgaçam-se. A voz se cansa mais rapidamente, o que será facilmente percebido por todas aquelas pessoas para quem esse órgão seja uma ferramenta profissional.

Algumas cantoras constatarão também a diminuição da intensidade ou mesmo a perda dos sons agudos, uma conseqüência da ação dos hormônios masculinos que a partir daí se tornam predominantes.

Já as mulheres que apresentam alguns quilos a mais terão a vantagem de não serem atingidas por essa "masculinização" da voz.

Na verdade, no tecido gorduroso, os androgênios se transformam em hormônios femininos. As mulheres magras não devem inquietar-se: um estudo realizado com 100 profissionais da voz mostrou que 83 delas não percebiam nenhuma mudança após a menopausa. E ainda é possível se submeter a tratamentos contra isso (ver pergunta de nº 43).

23 A menopausa pode provocar dores ou sensações particulares?

Dores nas articulações aparecem com muita freqüência no período do climatério. Não estão ligadas a uma doença reumatológica e desaparecem facilmente com um tratamento hormonal. Algumas mulheres também podem sentir dores musculares e, ainda, no período da menopausa, apresentarem sensação de formigamento nas mãos, à noite.

Incômodos na boca são referidos por um terço das mulheres e pode ser uma sensação de secura, de queimação da língua ou de alteração do paladar.

Algumas mulheres queixam-se também de secura dos olhos, palpitações, vertigens ou de zumbidos no ouvido. A lista de desconfortos possíveis pode parecer longa. Não devemos esquecer, entretanto, que cerca de uma mulher a cada quatro não sofrerá nenhum mal-estar ligado à menopausa e muitas das que terão problemas apresentarão apenas um deles.

Além do mais, certas mulheres têm a capacidade de esquecer completamente seus sintomas. Isso porque a importância dos sintomas e a maneira como são vividos dependem muito mais do estado psicológico de cada mulher, o que tem muito a ver com o ambiente cultural (ver pergunta de nº 12).

As conseqüências mais tardias da menopausa

24 O que acontece aos ossos depois da menopausa? O que é osteoporose?

O osso é um tecido vivo submetido à ação de células que o produzem (osteoblastos) e de células que o destroem (osteoclastos) (ver quadro a seguir). A reserva óssea do corpo aumenta regularmente na infância, para atingir seu máximo entre 20 e 30 anos. Em seguida, ela se mantém durante uma década, graças ao equilíbrio entre a ação dos osteoblastos e a dos osteoclastos.

Com o tempo, a destruição do tecido ósseo não é mais suficientemente compensada por sua produção, o que leva a uma perda discreta mas contínua desse tecido. Na mulher, tal fenômeno acelera-se no momento da menopausa e nos anos que se seguem. Na realidade, a queda dos estrogênios induz um aumento do processo de destruição óssea.

A perda de tecido ósseo pode chegar a 5% ao ano. A massa óssea se reduz, ou seja, o volume ocupado pelo esqueleto diminui, assim como seu peso e sua resistência. De cinco a dez anos depois, o ritmo de destruição óssea diminui e se torna idêntico para os dois sexos (cerca de 1% da massa óssea por ano).

O empobrecimento do tecido ósseo é, portanto, um fenômeno normal ligado ao envelhecimento – que se chama osteopenia. A diminuição da densidade dos ossos só se torna patológica abaixo de um certo limite, que é de cerca de 30% de perda em relação à massa óssea de um adulto jovem. Fala-se, então, em osteoporose.

As mulheres são mais suscetíveis a essa afecção por causa da ação dos estrogênios. Uma entre quatro mulheres será atingida entre 65 e 75 anos e uma em cada duas após os 75 anos de idade. A osteoporose leva à excessiva fragilização dos ossos, que se fraturam mais facilmente. O risco de fratura óssea é maior à medida que o tecido ósseo se torna menos denso e, portanto, menos resistente. Aliás, é geralmente após uma fratura que se detecta a osteoporose.

O osso esponjoso (ver quadro abaixo) é o primeiro a ser atingido, o que dá origem aos esmagamentos vertebrais. Nos primeiros estágios da osteoporose, são freqüentes as fraturas do punho, que acontecem espontaneamente ou por causa de um traumatismo muito pequeno. Mais tardiamente, a parte externa dos ossos longos (cortical) se adelgaça. É nesse estágio que podem ocorrer fraturas do colo do fêmur. Também aí o traumatismo que leva à fratura é muitas vezes mínimo, como, por exemplo, uma simples queda da própria altura. As conseqüências dessas fraturas podem ser muito severas na mulher idosa (ver pergunta de nº 25).

A osteoporose pode ser prevenida por meio de um "freio" à perda óssea natural. Existem também tratamentos curativos que evitam a ocorrência de novas fraturas, a partir do momento em que é confirmada a osteoporose (ver pergunta de nº 98).

O osso constrói-se e destrói-se permanentemente

O tecido ósseo é composto por cerca de 30% de proteínas (essencialmente colágeno) e por cerca de 70% de minerais (essencialmente cristais formados de cálcio e fósforo). A rigidez e a resistência do osso dependem da sua quantidade de minerais.

Em razão de sua estrutura, existem dois tipos de ossos: o osso compacto e o osso esponjoso. O osso compacto é muito denso e representa 80% do peso do esqueleto. Ele forma a parte externa (cortical) dos ossos longos e envolve quase totalmente os ossos esponjosos. Esses últimos são bem menos densos, contêm espaços cheios de medula, cuja função é fabricar elementos do sangue. Eles são encontrados especialmente nas vértebras.

Qualquer que seja o tipo de osso, ele vive em perpétua manuten-

ção: é permanentemente elaborado por células chamadas osteoblastos e destruído por células chamadas osteoclastos.
O osso é um reservatório de minerais: sua destruição leva à liberação de cálcio e de fósforo no sangue. As atividades respectivas dos osteoblastos e dos osteoclastos são reguladas pela vitamina D e por hormônios provenientes das glândulas paratireóides e tireóide. Os estrogênios também desempenham um papel importante, já que reduzem a destruição óssea. Se houver mais ossos destruídos do que ossos construídos, o tecido ósseo se empobrece e a massa óssea diminui.

25 Por que é importante conhecer o estado das reservas ósseas no momento da menopausa? Algumas mulheres correm maior risco de apresentar uma reserva óssea baixa?

A solidez dos ossos depende da importância da massa óssea. Quanto mais fraca for a massa óssea de uma pessoa, maior o risco de sofrer fraturas. Esmagamentos vertebrais, fraturas do colo do fêmur e do punho são os principais riscos aos quais se está exposta. As conseqüências variam conforme a localização do problema. O esmagamento de uma vértebra deforma a coluna vertebral e pode ser doloroso. Mas, na metade dos casos, percebe-se somente que se está "encolhendo". Os esmagamentos vertebrais costumam ocorrer, em média, aos 68 anos de idade. As fraturas do colo do fêmur, de conseqüências mais graves, ocorrem essencialmente após os 75 anos. E podem levar à perda de autonomia da mulher idosa, que precisará da companhia de alguém para ajudá-la nas atividades mais comuns do dia-a-dia.

Por outro lado, em média, duas entre dez vítimas de fraturas do colo do fêmur falecerão no ano seguinte, em decorrência do problema. As conseqüências mais severas da osteoporose são observadas na coluna vertebral e, numa idade mais avançada, no colo do fêmur, mas a fragilização óssea atinge igualmente os ossos da mandíbula (ossos maxilares). É uma das causas que leva à perda dos dentes com a idade.

Dessa maneira, quanto mais baixa for a reserva óssea ao se atingir a menopausa, mais importante se torna reduzir ou interromper a perda de tecido ósseo que se acelera naturalmente a partir daí.

Como saber quem faz parte da população de risco?

Primeiramente, há uma predisposição genética. Antecedentes de osteoporose na família servem como um alerta. Mas se o diagnóstico nunca foi levantado, você pode reparar na diminuição da altura de sua mãe depois da menopausa. A quantidade de osso elaborada nos vinte primeiros anos de vida está condicionada pela hereditariedade e certos indivíduos estão predispostos a constituir uma massa óssea fraca.

O risco de se ter uma baixa reserva óssea também é maior nas mulheres de origem caucasiana do que nas de origem africana. A reserva óssea depende também da alimentação durante o crescimento e, em particular, do consumo – suficiente ou não – de cálcio.

Segundo algumas pesquisas, parece que atualmente a maioria dos adolescentes não consome a quantidade de cálcio recomendada, que é de 1.500 mg por dia, o que pode ser prejudicial para seu futuro.

A massa óssea pode também ser baixa quando, comparada à situação de mulheres da mesma idade, se percebe a ocorrência da destruição acelerada do tecido ósseo, em particular quando há carência de estrogênios. É o caso, por exemplo, de mulheres que quando jovens sofreram de anorexia mental. Durante esse período de suas vidas, a insuficiência de aportes alimentares provoca uma diminuição de peso tão importante que os ovários param de funcionar e, com isso, de produzir estrogênios.

Além da anorexia mental, outras causas podem também provocar uma ausência de menstruações (amenorréia) com importante carência de estrogênios. Algumas situações devem ser levadas em consideração: início tardio da puberdade ou início precoce da menopausa. Nesses dois casos, o período durante o qual o corpo produz estrogênios é reduzido e corre o risco de ser insuficiente para que os ossos adquiram uma boa resistência.

As mulheres muito magras também estão mais expostas, já que nas gorduras, como já se viu, ocorrem transformações hormonais (ver pergunta de nº 4). Também as fumantes fazem parte da população de risco (ver pergunta de nº 92). Por fim, outros hormônios desempenham papel importante no processo de construção dos ossos. Por isso, o excesso de hormônios tireoidianos ou corticóides é prejudicial ao tecido ósseo.

Tais situações ou antecedentes (resumidos no quadro) fazem temer que a fraqueza óssea resultante da interrupção definitiva da produção de estrogênio aumente o risco de osteoporose nos anos seguintes.

As mulheres que se reconhecem nesses casos deverão se manter atentas. Pode ser-lhe recomendado que façam um exame para avaliar sua densidade óssea (ver pergunta de nº 26).

Que elementos permitem suspeitar de uma baixa reserva óssea?

- Antecedentes de osteoporose na mãe ou avó.
- Antecedentes pessoais de fratura sem causa aparente.
- Baixo consumo de cálcio na infância.
- Insuficiência de estrogênios (puberdade tardia, períodos de amenorréia ou menopausa precoce não corrigidos por um tratamento hormonal).
- Pequena corpulência.
- Hábito de fumar.
- Abuso de álcool.
- Tratamento prolongado com corticóides.
- Pouca atividade física, imobilização prolongada.

---

26 Como avaliar a reserva óssea no momento da menopausa e acompanhar sua evolução com o tempo?

Se o objetivo é conhecer o estado dos próprios ossos a fim de, se necessário, iniciar o quanto antes uma prevenção contra a osteoporose, existe um exame radiológico específico chamado densitometria óssea, que permite avaliar a densidade dos ossos.

Esse exame testa a solidez dos ossos, é feito com a mulher deitada, é indolor e não exige nenhuma preparação inicial. Ele se concentra sobre os ossos das vértebras lombares (embaixo nas costas) e na extremidade superior do fêmur (no quadril). Às vezes, explora também os ossos do punho.

A densitometria óssea traz preciosas informações sobre o estado dos ossos. É realizada por reumatologistas ou radiologistas, mas a radiação que provoca é muito fraca, inferior à de uma radiografia comum (a técnica empregada é a de mensuração por absorção bifotônica).

A densidade mineral óssea (DMO) é trazida para uma curva e avaliada obedecendo a certos parâmetros. Permite identificar a osteopenia (perda óssea natural causada pelo envelhecimento) e a osteoporose (perda óssea importante e patológica) e assim deduzir se há probabilidade de fratura.

Os resultados aparecem sob forma de "*score*". O Z-score compara o valor da densidade óssea de uma mulher com a média observada em mulheres da mesma idade, enquanto o T-score compara a situação dela com a média verificada entre mulheres de 30 anos.

Por ocasião da menopausa, todas as mulheres com risco de baixa reserva óssea (ver quadro e pergunta de nº 25) devem realizar esse exame. Para as que hesitam sobre um tratamento de reposição hormonal (TRH) e aparentemente não apresentam nenhum fator de risco, também é recomendado que se submetam à densitometria óssea: ela permite constatar uma clara diminuição da reserva óssea ainda que nenhum outro antecedente possa tê-la revelado.

Essa descoberta provavelmente levará a paciente a pender em favor do TRH (se o Z-score for inferior a -1, ou seja, abaixo da norma para a idade).

Por outro lado, as mulheres que já decidiram seguir um tratamento hormonal não precisam fazer esse exame, já que o TRH garante a manutenção da reserva óssea, desde que a dose de estrogênios seja suficiente.

Após a menopausa, a densitometria óssea pode ser realizada em dois casos. Nas mulheres que não seguem tratamento hormonal, o exame permite acompanhar o ritmo de perda óssea. Nas que seguem um tratamento com doses fracas de estrogênios, ela avalia seus efeitos. Um tratamento eficaz deve manter a massa óssea em seu nível de partida ou aumentá-la ligeiramente. Doses "padrão" de estrogênios têm, em princípio, uma ação protetora, enquanto o efeito das doses fracas sobre os ossos é inconstante. Em todos os casos, preconiza-se um prazo de dois a três anos entre cada exame.

O caso de Ivete, de 62 anos

Ivete entrou em menopausa há 10 anos. Sua mãe, morta num acidente aos 69 anos, havia sofrido de esmagamentos vertebrais. Em razão desses antecedentes familiares, Ivete tem maior risco de desenvolver osteoporose, ainda mais porque nunca fez um tratamento de reposição hormonal. Ela aceitou fazer uma densitometria para estudar sua massa óssea. O resultado indica que ela tem osteoporose e é desejável iniciar rapidamente um tratamento para prevenir a ocorrência de fraturas. No esquema sobre densitometria óssea, vê-se uma cruz que indica a densidade mineral óssea (DMO ou BMD: Bone Mineral Density, *para os anglo-saxões) em relação à idade. A DMO aqui é de 0,673 g/cm*^{2}*. É o valor médio calculado para as quatro vértebras da parte baixa da coluna vertebral (vértebras lombares). Vê-se claramente, no caso de Ivete, que a cruz se situa abaixo do valor médio normal das mulheres da mesma faixa*

RESULTADOS DA DENSITOMETRIA ÓSSEA DE IVETE

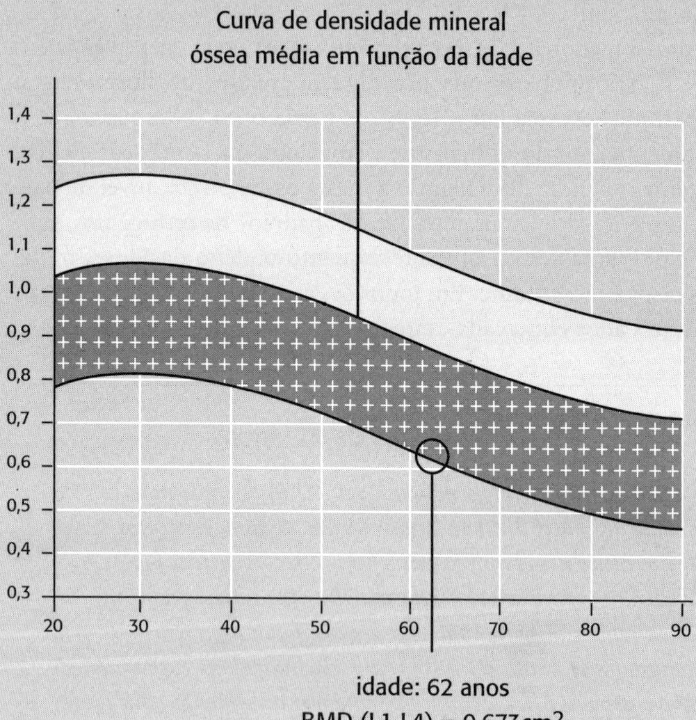

etária (curva central). O T-score *de Ivete é de -3,77, o que indica a diferença entre sua própria densidade óssea e a que é observada, em média, nas mulheres de 30 anos de idade. Esse* score *permite confirmar a existência de osteoporose (segundo a definição da Organização Mundial de Saúde, fala-se de osteoporose a partir de -2,5). Quanto mais afastado do normal estiver o valor da densidade mineral óssea (portanto, os diferentes* scores*), maior o risco de fratura. Na ausência de tratamento, a densidade poderá diminuir ainda mais, o que o torna indispensável para Ivete.*

---

27 A menopausa altera o risco de doença cardiovascular? Que influência têm os estrogênios sobre o coração e os vasos sangüíneos?

Salvo em casos muito particulares, as mulheres não têm ataques cardíacos antes da menopausa. Depois, ao contrário, o risco aumenta com a idade. Esses acidentes podem ocorrer mais cedo se a menopausa sobrevier mais cedo. Tais constatações parecem indicar que, antes da menopausa, os hormônios femininos protegem a mulher da aterosclerose (doença que se caracteriza pelas alterações das paredes arteriais, ver quadro a seguir). O efeito benéfico desses hormônios viria em parte da ação dos estrogênios sobre os lipídeos circulantes no sangue.

Após a menopausa – e a queda da taxa de estrogênios – constata-se, de um lado, o aumento do colesterol total e do "mau" colesterol e, de outro, uma baixa do "bom" colesterol (ver quadro a seguir).

Experiências em laboratório mostram também um outro efeito benéfico dos estrogênios, os quais agem diretamente sobre as paredes das artérias. Esses hormônios reforçam os sistemas de proteção dessa parede contra tudo o que a "agride". Eles impedem, especificamente, a oxidação dos LDL (*low density lipoprotein*, lipoproteínas de baixa densidade, ver quadro a seguir), condição necessária à formação da aterosclerose.

Os principais fatores que favorecem o surgimento da aterosclerose são o cigarro, o excesso de colesterol e a hipertensão arterial. Em algumas mulheres, esta última parece incidir especialmente na menopausa. Entre os outros possíveis fatores de alteração dos vasos sangüíneos, pode-se também citar a homocisteína, substância encontrada no organismo e cuja taxa aumenta quando faltam certas vitaminas (ver pergunta de nº 87) e quando ocorre a menopausa.

Por fim, a distribuição "andróide" de gorduras (ver pergunta de nº 20), que caracteriza a silhueta da mulher em menopausa (entre outras razões, pela carência de estrogênios), também desponta como um fator de risco cardiovascular.

Do excesso de colesterol ao problema cardíaco

A aterosclerose é uma doença das artérias do corpo, cujo ponto de partida é o depósito de gorduras (lipídeos) nas paredes das artérias. Tais lipídeos, em particular o colesterol (que provém em parte da alimentação, mas que também é produzido pelo organismo), são transportados no sangue ligado às proteínas. O conjunto formado por essa associação é chamado lipoproteína. Algumas lipoproteínas são de alta densidade (HDL ou *high density lipoprotein*), outras de baixa densidade (LDL ou *low density lipoprotein*).

Chamamos de "bom colesterol" aquele que se encontra no centro dos HDL e de "mau colesterol" aquele que se encontra nos LDL. Quando o colesterol dos LDL (depois de uma reação química de oxidação) penetra nas paredes das artérias, estas modificam-se. Formam-se placas de gordura que se envolvem, em seguida, de tecido fibroso. As placas podem então estabilizar-se, por vezes regredir, ou, ao contrário, se estender e obstruir progressivamente as artérias até que sobrevenham complicações. Se tal fenômeno atinge artérias que irrigam o coração, a pessoa afetada corre o risco de ser vítima de uma angina de peito ou de um infarto do miocárdio. Já se atingir as artérias que irrigam o cérebro, a pessoa corre o risco de ter um acidente vascular cerebral (AVC).

28 As desordens hormonais da menopausa têm conseqüências sobre o funcionamento do cérebro?

Os efeitos das modificações hormonais sobre o cérebro se manifestam precocemente, como já vimos, pelo aparecimento de ondas de calor ou de alterações de humor. A longo prazo, a queda dos hormônios poderia favorecer a deterioração da capacidade de aquisição de conhecimentos (a cognição) e a diminuição da memória.

Para adquirir conhecimentos, o cérebro deve efetuar uma série de operações que vão da percepção pelos cinco sentidos à memorização. Esse conjunto de funções complexas, chamado cognição, degrada-se com os anos.

Determinada quantidade de células nervosas do cérebro (neurônios) desaparecem naturalmente com a idade, num ritmo que varia de pessoa para pessoa, segundo critérios ainda mal conhecidos. Parece, no entanto, que os estrogênios têm um efeito protetor sobre os neurônios e poderiam até retardar a ocorrência da doença de Alzheimer, doença degenerativa do cérebro (ver quadro a seguir).

Atualmente, numerosos estudos tendem a detalhar o interesse terapêutico desses hormônios para um melhor funcionamento do cérebro (ver pergunta de nº 47)

Estrogênios e doença de Alzheimer

Cerca de 5% das pessoas com mais de 65 anos são vítimas de uma deterioração anormal do cérebro. Na grande maioria dos casos, essas pessoas sofrem a doença de Alzheimer. Essa grave doença do cérebro começa com perdas de memória – bem mais marcantes que os banais "lapsos" de memória que todos podem ter, especialmente após certa idade. Em seguida, os doentes apresentam cada vez mais dificuldades para realizar tarefas simples da vida cotidiana. À medida que a doença evolui, a pessoa adota comportamentos incomuns até perder finalmente a maior parte de suas capacidades intelectuais.

A doença de Alzheimer incide tardiamente: a maior parte das pessoas atingidas tem mais de 70 anos. A afecção se deve ao mau funcionamento de certas proteínas cerebrais e à produção de uma substância (o peptídeo amilóide) que envenena os neurônios e leva à destruição irreversível de um número elevado deles. Suas principais causas são a predisposição genética e o envelhecimento.

Desconhece-se o papel exato dos estrogênios no desenvolvimento da doença, que deve ser pequeno. Entretanto, é possível que a diminuição dos estrogênios possa agravar o processo de perda das células nervosas e, desse modo, favorecer o aparecimento ainda mais precoce da doença.

CAPÍTULO 3

O acompanhamento ginecológico durante o climatério e depois da menopausa

29 Quais são as doenças benignas do útero mais freqüentes no climatério?

Miomas

Miomas são proliferações de fibras do músculo uterino. Por se tratar, na maioria das vezes, de fibras musculares, é mais exato chamá-los de miomas. São tumores freqüentes e benignos. Na maior parte das vezes, a ocorrência de inúmeros miomas não está associada a sintomas nem exige tratamentos. Em geral, eles são descobertos a partir dos 40 de idade, durante um exame ginecológico de rotina. O médico pode apalpá-los ao realizar o toque vaginal: eles se apresentam sob a forma de pequenas bossas duras.

Ainda que outros fatores também estejam implicados, o desenvolvimento dos miomas depende em parte do equilíbrio hormonal, já que crescem sob efeito do excesso de estrogênios. Portanto, podem manifestar-se mais especialmente quando ocorrem os desequilíbrios hormonais do climatério. Não são dolorosos, mas provocam às vezes um certo peso no baixo-ventre. Se comprimirem a bexiga ou a uretra, provocam um desejo freqüente de urinar ou, ao contrário, tornam a micção difícil. Quando seu crescimento se torna francamente excessivo, podem comprimir as vias urinárias acima da bexiga. Neste caso, eles comprometem o bom funcionamento dos rins e devem ser operados.

Os miomas apalpados durante um exame ginecológico são aqueles que crescem para o exterior do útero ou no músculo uterino. Outros miomas podem desenvolver-se para o interior do útero. Nesse caso, freqüentemente são operados porque provocam sangramentos anormais: menstruações longas e abundantes ou sangramentos que ocorrem fora das menstruações.

Os miomas não evoluem após a menopausa e até diminuem de volume. Nas verdade, eles se atrofiam ao mesmo tempo que o útero, salvo quando há tratamento de reposição hormonal, já que, nesse caso, continuam a receber estímulo estrogênico (ver pergunta de nº 53).

Os pólipos de endométrio

Pólipos de endométrio, também chamados de pólipos mucosos, são excrescências da mucosa uterina. Em geral são descobertos em exames complementares, realizados em razão de sangramentos anormais (ver quadro a seguir, pergunta de nº 30). Eles não são detectados durante um exame ginecológico simples.

Quando diagnosticados, os pólipos de endométrio são geralmente retirados por curetagem (raspagem de toda a mucosa uterina). É uma intervenção rápida e realizada sob anestesia geral. Diferentemente destes, outros pólipos podem ser percebidos durante um exame ginecológico de rotina: são os pólipos situados no colo do útero, que podem ser retirados em consultório com uma pinça, sem dor e, portanto, sem anestesia, já que essas excrescências não possuem nervos.

Pólipos de endométrio são mais freqüentes no climatério do que antes, principalmente porque são causados pela insuficiência de progesterona, cuja taxa cai nesse período da vida da mulher.

30 Como detectar um câncer de colo de útero e de ovário?

Câncer de colo de útero

O câncer de colo de útero é facilmente detectado graças ao preventivo realizado durante um exame ginecológico. Fazer um preventivo significa passar sobre o colo do útero uma espátula de madeira ou uma pequena escova para obter células para um esfregaço.

É um procedimento totalmente indolor. As células recolhidas são em seguida analisadas em laboratório. O esfregaço é um exame preventivo que permite detectar eventuais anomalias benignas. Tais anomalias são tratadas antes que possam evoluir para um câncer. Portanto, o ideal é realizar os esfregaços preventivos a partir dos 20 anos, a menos que nunca se tenha tido relações sexuais. A causa do câncer de colo de útero é, essencialmente, um vírus sexualmente transmissível chamado papilomavírus ou HPV (abreviação de *Human Papilloma Virus*), embora já se tenha demonstrado a responsabilidade que o cigarro também exerce na ocorrência desse tipo de câncer.

A periodicidade para a realização dos preventivos depois da menopausa varia de caso a caso. Se ao longo da vida você realizou o exame regularmente e nenhuma anomalia foi descoberta, seu risco de desenvolver câncer de útero é baixo. No entanto, é preciso que você continue a fazer os preventivos a cada três anos até aproximadamente os 65 anos de idade.

Se, em contrapartida, já foram detectadas anomalias que tenham ou não exigido tratamento, o acompanhamento deverá ser mais freqüente. Se você nunca fez um preventivo, é importante consultar um ginecologista o quanto antes. Se o resultado do exame for normal, o próximo deverá ser realizado daí a um ano. Na maior parte dos casos, ele poderá ser repetido a cada três anos.

Infelizmente, ainda hoje algumas mulheres chegam à idade da menopausa sem jamais terem feito um esfregaço preventivo, arriscando-se a descobrir um câncer em estágio avançado ("invasivo").

Um dos principais sintomas do câncer invasivo é o aparecimento de perdas anormais de sangue, principalmente depois das relações sexuais. O câncer invasivo resulta da evolução, ao longo de muitos anos, de um câncer *in situ*, quer dizer, ainda pouco avançado, que não foi tratado. As células cancerosas que não foram combatidas conseguiram atravessar a barreira entre a superfície e a camada

A EVOLUÇÃO DO CARCINOMA

COLO NORMAL

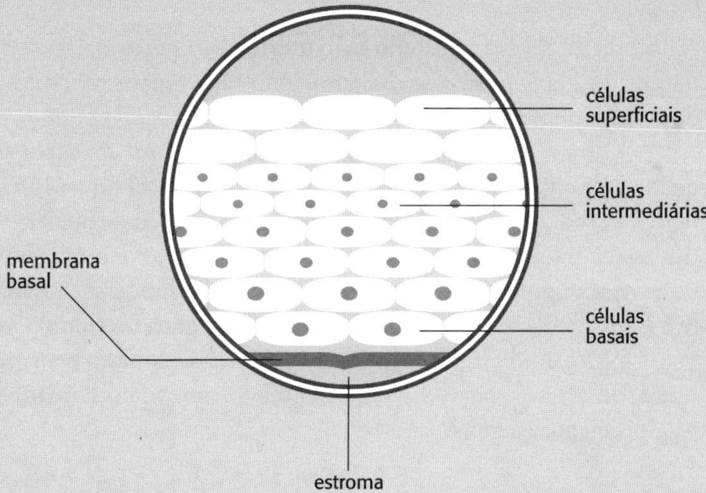

CARCINOMA *In Situ*

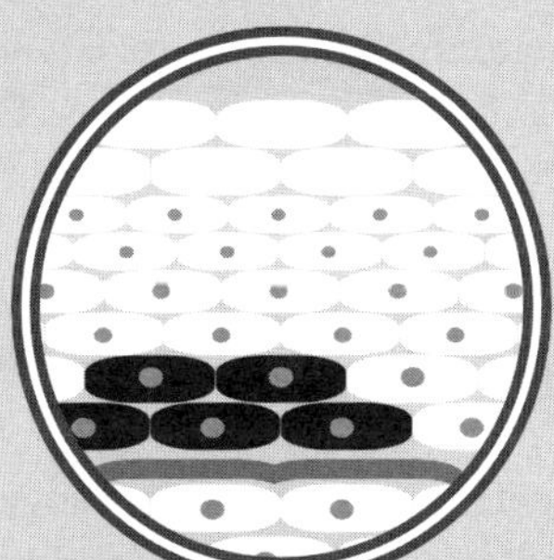

CARCINOMA INVASIVO

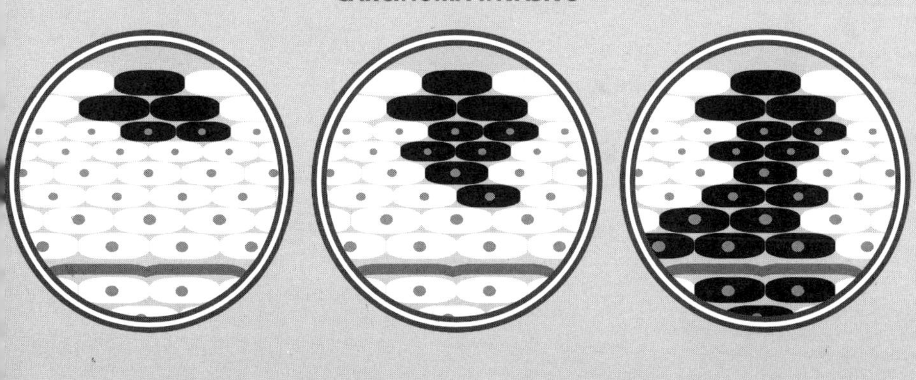

profunda do revestimento do colo uterino e, a partir daí, o risco está na possibilidade de elas se disseminarem pelo organismo, dificultando o tratamento.

O preventivo, ao contrário, permite descobrir o câncer *in situ*, quando ele ainda não provoca nenhum sintoma e está limitado à superfície. Descoberto *in situ*, o câncer é curado completamente, em 100% dos casos, graças a uma operação local limitada. Assim sendo, a prática de esfregaços preventivos sistemáticos permite diminuir acentuadamente a freqüência e a gravidade dos tumores malignos do colo de útero.

Na maior parte dos casos, esse câncer é descoberto bem antes da menopausa e no estágio *in situ*, se a mulher segue um acompanhamento ginecológico regular.

Colo e corpo do útero: dois tumores malignos diferentes

O colo é a parte do útero que se projeta para a vagina, visível pelo médico durante o exame ginecológico. É nessa parte do útero que são realizados os esfregaços preventivos. O corpo do útero é a parte principal do órgão e está situado acima do colo. A mucosa que forma seu revestimento interno se chama endométrio, e é essa mucosa que é estimulada pelos hormônios e eliminada ao fim do ciclo menstrual, formando as menstruações (ver esquema nº 2, pergunta de nº 2). Os tumores malignos de útero têm causas totalmente diferentes conforme a área atingida. Os hormônios não têm nenhuma influência sobre o câncer do colo do útero, ao contrário do câncer de corpo do útero.

O câncer de corpo do útero

O câncer de corpo do útero (ou câncer do endométrio) ocorre quase que exclusivamente após a menopausa. A idade de maior incidência é aos 60 anos. Sua detecção precoce não é rotineira: habitualmente, não são feitos esfregaços preventivos no interior do útero durante o preventivo de colo. Os exames que permitem diagnosticar possíveis problemas no interior do útero são indicados caso a caso. Eles são obrigatórios em casos de sangramentos anormais, quando pode ser indicada a realização da biópsia de endométrio, ultra-sonografia, histerografia ou histeroscopia (ver quadro a seguir).

O câncer de ovário

O câncer de ovário incide geralmente após a menopausa, sobretudo entre 60 e 70 anos de idade. Assim como acontece com o câncer de mama (ver pergunta de nº 33), certas pessoas, em razão da herança genética, apresentam maior risco de desenvolver esse tipo de câncer. Nesse caso, convém submeter-se periodicamente a ultra-sonografias que permitirão revelar um tumor antes que ele dê sintomas ou sinais perceptíveis ao exame ginecológico. Dores no baixo-ventre, sangramentos anormais ou um aumento de volume do abdome servem de alerta.

Diferentes exames que permitem observar o interior do útero

Ultra-sonografia pélvica

Este exame permite visualizar os tecidos "moles" (como os órgãos da pelve) situados no interior do corpo. Os ultra-sons enviados por uma sonda até os órgãos que se quer examinar devolvem um sinal cada vez que encontram um obstáculo. Os sinais são transformados pelo aparelho em uma imagem que pode ser visualizada numa tela de vídeo. A ultra-sonografia (ou ecografia) não emite nenhum raio X, ao contrário das radiografias; ela pode, portanto, ser repetida sempre que necessário, até porque é indolor. Para realizar uma ultra-sonografia abdominal, o médico (ginecologista ou radiologista) passa sobre o ventre uma sonda (embebida com gel) que propaga os ultra-sons. O exame deve ser feito com a bexiga cheia para garantir uma boa penetração dos ultra-sons até o útero e os ovários. Você precisará beber uma grande quantidade de água antes do exame. Complementando o exame (ou em substituição à sonda abdominal), pode-se também utilizar uma sonda vaginal (fala-se então de ultra-sonografia transvaginal), que é introduzida na vagina após ter sido recoberta com uma película estéril e embebida do gel necessário à propagação dos ultra-sons. Mais próxima dos órgãos que se quer visualizar, essa sonda proporciona uma imagem mais detalhada. Ao contrário da abdominal, a ultra-sonografia transvaginal é realizada com a bexiga vazia.

A ultra-sonografia permite localizar miomas (ver pergunta de nº 29) e acompanhar sua evolução. Ela às vezes detecta pólipos. Permite também avaliar a espessura da mucosa uterina, o que é de grande importância quando ocorrem sangramentos anormais. De fato, após a menopausa, na ausência de tratamento de reposição hormonal, a mucosa torna-se fina; mas se, ao contrário, constata-se durante uma ultra-sonografia que a espessura dessa mucosa aumentou, o médico indicará outros exames para pesquisar uma anomalia, benigna ou maligna. A ultra-sonografia permite, por fim, observar se algum tumor se desenvolveu nos ovários. Se os ovários estão normais, é comum que não sejam visualizados após alguns anos de menopausa porque então seus tecidos atrofiados dificilmente se distinguem dos intestinos. Por causa de sua simplicidade, a ultra-sonografia é sempre o primeiro exame indicado em caso de sangramentos anormais.

Histerografia

Trata-se de uma série de radiografias do útero. O radiologista injeta no interior do útero, pelas vias naturais (pelo colo do útero), um líquido iodado (que escorrerá pela mesma via após o exame). Várias radiografias são feitas à medida que o contraste é injetado. O produto, que é opaco aos raios X, permite obter um contraste entre o aparelho genital e o resto do conteúdo da pelve. O interior do útero aparece, assim, em branco sobre fundo negro, o que permite detectar anomalias como pólipos, miomas e até câncer. O exame pode também revelar uma mucosa uterina espessa demais ou, ao contrário, atrófica. Ele não deve ser realizado em caso de alergia a iodo.

Histeroscopia

Esse exame consiste em fazer passar um aparelho com sistema ótico pelas vias naturais – pela vagina e depois pelo colo do útero –, para visualizar o interior da cavidade uterina. Pode ser feito em consultório, sem anestesia, mas quase sempre é realizado em ambiente cirúrgico, sob anestesia geral ou local. Na verdade, às vezes é necessário, na mulher em menopausa, que o colo do útero seja dilatado para se poder penetrar a cavidade uterina.

A histeroscopia, como a histerografia, permite diagnosticar anomalias intra-uterinas (miomas, pólipos e mesmo câncer), mas com uma vantagem suplementar: é completada pela retirada de amostras da mucosa uterina, que poderá assim ser analisada. O médico retira um pequeno pedaço de uma zona que pareça anormal (biópsia do endométrio) ou faz uma curetagem que permite analisar o conjunto da mucosa uterina.

Biópsia do endométrio

Amostras da mucosa uterina podem ser obtidas em consultório, durante o exame ginecológico. Nesse caso, são "a cego", ao contrário das amostras obtidas por histeroscopia. O ato é simples e indolor se a passagem para a cavidade uterina acontecer facilmente. Por isso, o exame é realizado comumente após alguns dias de tratamento com estrogênios que possam "abrir" o colo do útero. A biópsia de endométrio é um exame muito mais confiável do que um simples esfregaço quando se procura detectar um câncer de corpo de útero.

31 Que outras afecções ginecológicas podem ser encontradas na mulher em menopausa?

Prolapso genital

Trata-se da descida das paredes vaginais e uterinas. Em geral, essa queda é progressiva, sem manifestações. Em certos casos, o prolapso é acompanhado de perdas involuntárias de urina. Inversamente, quando a posição anormal do útero leva-o a comprimir as vias urinárias, ele acarreta dificuldades para urinar. Às vezes, as mulheres só percebem esse problema em idade avançada, quando o útero desceu tanto que pode ser notado no momento da higiene íntima como um "caroço" que sai pela vulva (diz-se que o prolapso exteriorizou-se).

Nesse caso, ele gera incômodos durante as atividades mais cotidianas, especialmente ao se caminhar. Esse incômodo não é percebido logo ao se levantar pela manhã, mas passa a ser sentido progressivamente durante o dia, porque o prolapso se agrava sob efeito do peso.

Essa "queda do útero" acontece mais freqüentemente nas mulheres que tiveram partos difíceis, que sofrem de constipação crônica ou praticaram esportes que exigiam demais dos músculos abdominais em detrimento dos músculos do períneo (corrida, aeróbicos). Manifesta-se, na maioria das vezes, depois da menopausa e é agravada pela atrofia dos órgãos resultante da carência hormonal que caracteriza esse período. Pode igualmente se revelar após um emagrecimento súbito.

A intervenção cirúrgica é a melhor solução para tratar um prolapso importante. No entanto, ela é contra-indicada para mulheres idosas que tenham problemas médicos sérios (por exemplo, doença cardíaca). Nesse caso, o médico pode colocar, numa consulta simples, um anel (chamado pessário) dentro da vagina. Esse anel deve ser observado e trocado regularmente porque pode causar irritação e infecção da mucosa vaginal. Além disso, um tratamento hormonal local (óvulos) tem de ser feito várias vezes por semana, já que proporciona maior tolerância.

Incontinência urinária

A incapacidade de controlar totalmente a urina é um problema freqüente na mulher, fato que aumenta com a idade e com a chegada da menopausa. Podemos distinguir diferentes tipos de incontinência urinária segundo suas causas.

A incontinência pode ser deflagrada por esforço (ver pergunta de nº 18) e, nesse caso, estar associada a um prolapso genital. Ela pode ser causada por uma instabilidade da bexiga, que se contrai de maneira anormal, provocando violentos desejos de urinar que devem ser rapidamente satisfeitos, sob pena de perda involuntária.

Diferentes causas podem associar-se a isso (fala-se de incontinência urinária mista), piorando o quadro quando existe também deficiência dos esfíncteres. Estes músculos, que permitem o fechamento das vias urinárias, enfraquecem-se na menopausa, quando aparece a falta de hormônios. Por fim, às vezes uma infecção urinária pode provocar uma incontinência transitória, que desaparecerá com a cura da infecção.

O tratamento das perdas urinárias depende da causa ou das causas associadas. Um exame complementar chamado urodinâmica às vezes é necessário para estabelecer um diagnóstico exato. Na prática, como é feito esse exame?

Primeiro, é solicitado à paciente que urine num aparelho chamado debitômetro. Depois, o urologista introduzirá uma pequena sonda nas suas vias urinárias, o que é um pouco desagradável, mas não doloroso. Ele poderá, assim, medir débitos e pressões, para avaliar o funcionamento da bexiga e a qualidade dos esfíncteres. A maior parte dos casos de incontinência urinária é tratada por uma reeducação perineal (ver pergunta de nº 18) ou medicamentos (administração de estrogênios após a menopausa e medicamentos específicos, em caso de instabilidade da bexiga). Mas há casos em que uma intervenção cirúrgica é necessária.

Doenças da vulva

Após a menopausa, as coceiras ou queimações na vulva podem ocorrer devido a uma infecção ou alergia, mas também a uma carência hormonal e à atrofia decorrente dela. Podem também ser a manifestação de uma doença na vulva.

Se a lesão for visível, pode-se realizar biópsias que permitam um diagnóstico exato. O câncer de vulva é extremamente raro, representam menos de 5% do conjunto de tumores genitais femininos: três entre cada quatro mulheres atingidas por ele têm mais de 60 anos. Na quase totalidade dos casos, esse câncer resulta de um estado pré-canceroso que poderia ter sido detectado num simples exame da vulva, daí a importância da prevenção e do acompanhamento ginecológico.

32 Que doenças benignas dos seios podem ser diagnosticadas no climatério?

No climatério, a descoberta de uma anomalia num seio pode ser fonte de inquietação, mas é preciso saber que, na maioria das vezes, se trata de afecção benigna, em geral uma alteração fibrocística.

Doença fibrocística das mamas

É uma reação da glândula mamária ao desequilíbrio hormonal. Pode ocorrer em qualquer idade, porém é mais comum no início do climatério, porque resulta da insuficiência de progesterona em relação aos estrogênios (ver pergunta de nº 7). Manifesta-se como uma tumefação mal limitada, que varia com o ciclo, é dolorosa antes da menstruação e diminui ou desaparece com ela. Esse inchaço é habitualmente apalpado na parte externa e alta de um só seio – ou, mais comumente, dos dois seios. Um tratamento de "reequilíbrio hormonal" (ver pergunta de nº 7) pode ser necessário, em especial nos casos de dores intensas.

O conjunto das patologias do seio devidas a desequilíbrios hormonais cessa de evoluir na menopausa, logo, você não sofrerá mais de alterações fibrocísticas da mama uma vez confirmada sua menopausa. Um tratamento de reposição hormonal pode ser seguido, desde que tomadas algumas precauções (ver pergunta de nº 53)

Tumores benignos da mama

Existem essencialmente dois tipos de tumores benignos do seio: os cistos, que são nódulos cheios de líquido, e os adenofibromas, que são constituídos de tecido. Nos dois casos, a palpação de um "caroço" no seio é, em geral, a origem da sua descoberta. Certas características percebidas durante o exame clínico permitem levantar suspeitas quanto à natureza de um nódulo (cisto, adenofibroma ou câncer). O diagnóstico exato virá após uma radiografia dos seios (mamografia), assim como por uma ultra-sonografia mamária e/ou uma punção do nódulo.

Ao contrário de um câncer, que cresce lentamente e sem provocar dor, cistos em geral se manifestam sob forma de um "caroço" doloroso e de aparecimento brusco. Um cisto pode surgir isoladamente, mas em geral há vários deles nos dois seios. O desconforto sentido por uma mulher com cisto mamário é variável. Esses tumores benignos são às vezes indolores, simplesmente percebidos quando se apalpa o seio. Mas podem aumentar de volume e causar dores, essencialmente no período anterior à menstruação.

Também pode acontecer de um cisto aparecer logo antes da menstruação e desaparecer depois dela sem nenhum tratamento. Estresse e predisposição hereditária são provavelmente os dois fatores mais importantes para o aparecimento de cistos. O papel dos hormônios na sua ocorrência é discutido, mas eles são freqüentes durante os desequilíbrios hormonais do climatério. Um tratamento com progestágenos (ver pergunta de nº 35) é geralmente eficaz para impedir suas manifestações, pelo menos no início da doença.

Depois da menopausa e na ausência de tratamento de reposição hormonal, a doença fibrocística dos seios não evolui mais. O volume dos cistos não aumentará e as dores desaparecerão. Um tratamento de reposição hormonal pode ser feito por mulheres que apresentem essa afecção, mas seu médico deve cuidar para que seu equilíbrio hormonal seja criteriosamente respeitado, a fim de evitar a retomada da sua evolução (ver pergunta de nº 53).

Os cistos são muito freqüentes no climatério, mas os adenofibromas são bem menos. Eles aparecem mais nas jovens mulheres com menos de 40 anos, embora a média de idade da sua descoberta fique nos 30 anos. Podem surgir no climatério, mas também ser diagnosticados nesse período quando já existiam no seio há vários anos. De fato, esses tumores benignos atingem o tamanho máximo rapidamente e não crescem mais com o tempo. Assim, um adenofibroma pequeno situado na profundidade de um seio volumoso não será sentido durante a palpação dos seios e sua descoberta poderá ocorrer aos 50 anos, numa primeira mamografia de rotina. Antes dos 35 anos, numerosos adenofibromas não exigem tratamento e são objetos de simples acompanhamento.

Depois dessa idade, a opção pela extirpação cirúrgica é habitual, principalmente por causa do temor de que se trate de um câncer.

O caso de Catarina, 49 anos

Catarina vem à consulta porque suas menstruações estão cada vez mais abundantes. Ela não tem queixas em relação aos seios. Nenhuma anomalia é detectada ao exame ginecológico: suas alterações menstruais se devem a um desequilíbrio hormonal. Mas o exame de rotina dos seios revela a presença de um "caroço". Não dá para saber quando esse nódulo apareceu porque Catarina não faz auto-exame de mamas e sua última consulta foi há muito tempo. A mamografia e a ultra-sonografia mamária não mostram nada de suspeito: essa induração seria, então, sem gravidade. Mesmo assim, Catarina é operada, em parte por causa de sua idade, em parte porque uma de suas irmãs teve um câncer de mama aos 45 anos. O tumor é efetivamente benigno. É um adenofibroma. Visualmente, a operação não modificou o seio em nada, a cicatriz é invisível.

33 Como diagnosticar precocemente o câncer de mama?

O câncer de mama é o tumor maligno mais freqüente da mulher. No Brasil, são diagnosticados 33 mil novos casos por ano (na França, são 36 mil novos casos por ano), bem mais do que os tumores malignos de corpo do útero, do colo de útero ou do ovário. Eles são raros antes dos 35 anos, porém cada vez mais freqüentes a partir dessa idade. São descobertos sobretudo entre 45 e 70 anos, e são quatro vezes mais freqüentes aos 70 anos do que aos 40 anos de idade. Como acontece com todos os tumores malignos, quanto mais cedo forem tratados, maiores as chances de cura.

O AUTO-EXAME

COMO FAZER

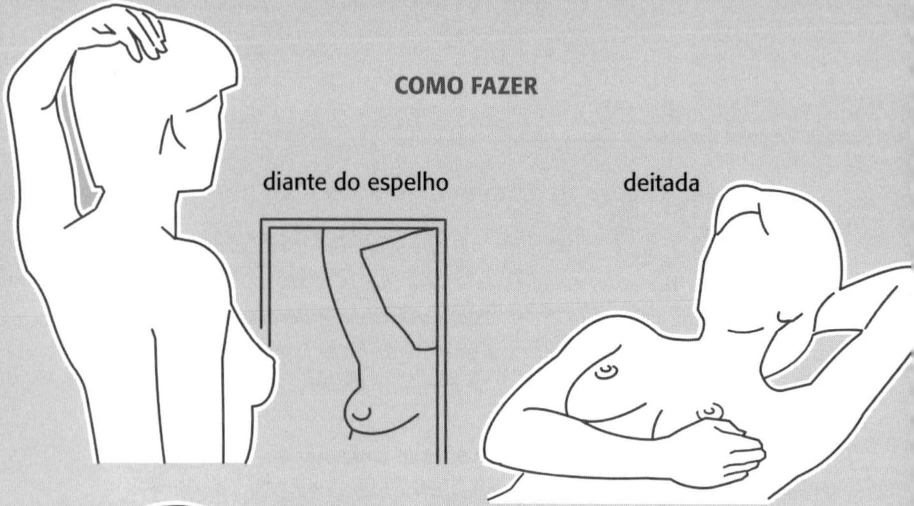

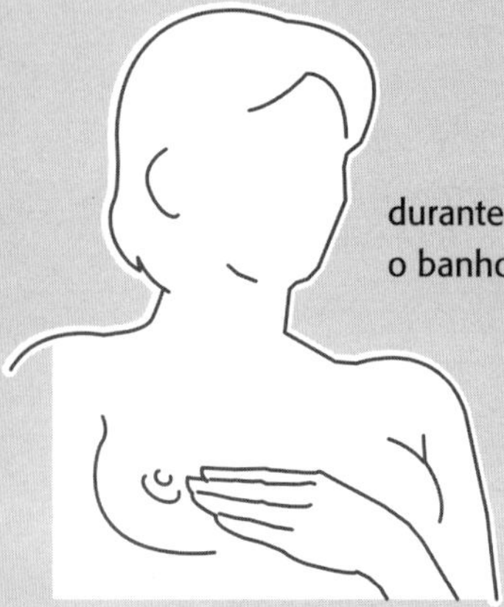

Em frente ao espelho, com ambas as mãos na nuca, olhe para as mamas e observe se há manchas na pele ou retração do mamilo. Com as pontas dos dedos da mão direita, apalpe a mama e a axila esquerda. Observe se há caroços. Em seguida, "ordenhe" a mama e mamilo e observe se há secreção. Faça o mesmo com a mão esquerda para a mama direita.

O QUE OBSERVAR DURANTE O EXAME

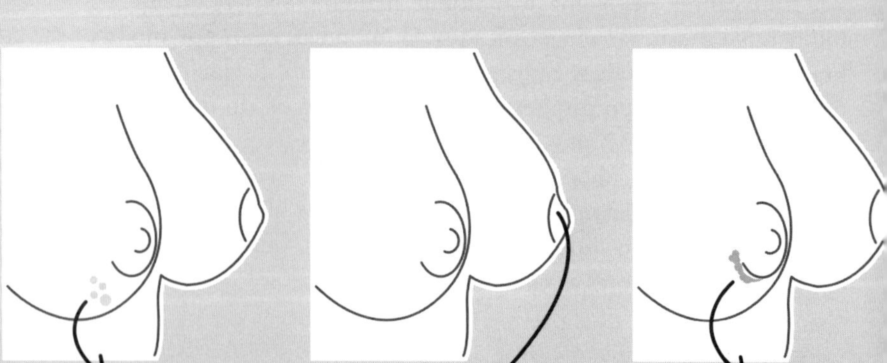

Além disso, é bom saber que se o tumor for bem pequeno, só se precisará extirpar uma parte bem limitada do seio, que, por sua vez, conservará o aspecto normal. O diagnóstico precoce é, portanto, particularmente importante. Para isso, dispõe-se atualmente de dois meios: o auto-exame e a mamografia.

O ideal é examinar e apalpar você mesma regularmente suas mamas, uma vez por mês, no intervalo entre as consultas médicas e as mamografias. Para apalpar seus seios, você pode permanecer deitada ou de pé. Após elevar o braço do lado do seio que você quer apalpar, passe seus dedos (e não só a ponta) sobre toda a superfície do seio, apertando ligeiramente. A descoberta de um caroço deve servir de alerta, mas outros sintomas também devem levar à consulta.

Por exemplo, ao olhar seus seios num espelho, com os braços abaixados e depois levantados, você pode notar uma eventual modificação da pele do seio, como um rubor ou uma depressão. Um outro sinal de alerta pode ser uma retração ou uma erosão no mamilo. A presença, num só seio, de um líquido colorido também deve servir de alerta. Em contrapartida, secreções que se assemelhem ao leite e que estejam presentes nos dois seios têm causas bem diferentes.

A mamografia já demonstrou sua eficácia como método de diagnóstico precoce de câncer de mama. Essas radiografias especiais são feitas com o seio comprimido, a fim de se obter um resultado mais confiável. Essa compressão, de breve duração, às vezes é desagradável para muitas mulheres, mas não provoca dor.

A mamografia permite detectar um câncer antes que ele possa ser sentido pela simples palpação da mama, mostrando anomalias indicativas de tumor. Pode também revelar microcalcificações, depósitos de cálcio que, quando agrupados num seio, podem expressar lesões benignas, mas também lesões pré-cancerosas ou câncer em estágio bem inicial.

A mamografia já foi bem testada e vem sendo empregada em programas de diagnóstico precoce de câncer. Toda mulher entre 50 e 74 anos deveria submeter-se, a cada dois anos, a um exame. Na França, todas as mulheres dessa faixa etária foram (ou estão sendo) convidadas a se submeterem gratuitamente a mamografias, a cada dois anos. Já no Brasil, um projeto de lei está sendo analisado pelo Congresso Nacional, a fim de permitir a realização gratuita, pelo Sistema Único de Saúde (SUS), dos exames preventivos de mamografia em mulheres com idade a partir de 30 anos e para os casos em que tenham sido constatados problemas ginecológicos ou de mama atestados por médicos credenciados ao próprio SUS.

Quando uma anomalia é detectada, são providenciados exames complementares ou um acompanhamento atento. Os exames indicados consistem na ultra-sonografia das mamas, às vezes com retirada de amostra para a pesquisa de células cancerosas. Essas amostras são obtidas por meio de diferentes técnicas: punção com uma pequena agulha ou biópsia. Mas note bem: menos de 10% das mulheres cuja mamografia apresenta imagem anormal têm realmente um câncer.

Se existirem antecedentes de câncer de mama em parentes próximas, é necessário iniciar um acompanhamento clínico e radiológico bem antes dos 50 anos. A idade para início do acompanhamento, assim como a periodicidade a ser adotada, dependem de cada caso em particular. Um exame de sangue a ser feito em um centro de aconselhamento genético permite às mulheres que têm vários parentes atingidos por câncer avaliar seu risco individual. Estima-se em 5% o número de tumores malignos de mama devidos a fatores hereditários. Outros fatores de risco de se desenvolver o câncer de mama, de menor importância, são também conhecidos.

Mulheres que não tiveram filhos ou tiveram uma primeira gravidez muito tardia (depois dos 35 anos), assim como aquelas com excesso de peso, apresentam risco ligeiramente superior do que o conjunto da população feminina. O mesmo vale se a puberdade foi precoce (aparecimento dos primeiros sinais antes dos oito anos) e/ou a menopausa foi tardia (depois dos 55 anos), ou seja, está relacionado a um maior tempo de funcionamento dos ovários.Por fim, a alimentação tem certamente um papel importante. Certas populações asiáticas que têm hábitos alimentares bem diferentes dos ocidentais estão relativamente protegidas desse tipo de câncer (ver perguntas de nºs 61 e 69).

34 Deve-se fazer uma avaliação do estado geral de saúde na menopausa?

Na ausência de problemas específicos, aos 50 anos de idade é recomendável fazer um balanço dos riscos pessoais em relação à própria saúde, em razão do modo de vida (eventual tabagismo, hábitos alimentares) e dos antecedentes familiares. Além da rotina ginecológica, necessária sob muitos pontos de vista, e de uma avaliação da reserva óssea (ver perguntas de n.os 24 a 26), esse balanço mais geral poderá garantir a prevenção ou o diagnóstico precoce de certo número de afecções cuja freqüência aumenta com a idade.

O risco de se desenvolver uma doença cardiovascular pode ser avaliado graças a um bom número de elementos – em primeiro lugar, os exames de sangue. Eles permitem medir a taxa de açúcar e de certas gorduras no organismo (colesterol, triglicerídeos), verificando se estão muito elevadas. Quando essas dosagens não revelam anomalias, é bom realizá-las a cada cinco anos, antes dos 50 anos de idade, e a cada três anos, depois disso.

Para completar essa avaliação médica, o clínico verificará sua pressão arterial e auscultará seu coração. Não se esqueça, aliás, de que o risco cardiovascular depende também do seu peso e do consumo de tabaco: em qualquer idade, a alimentação equilibrada, a prática esportiva regular e o hábito de não fumar reduzem os riscos de se desenvolver uma doença cardiovascular.

O câncer de intestino é o segundo câncer mais freqüente na mulher (não-fumante), depois do câncer de mama. Aparece essencialmente após os 45 anos. Seu risco é mais elevado em caso de antecedentes familiares para esse tipo de câncer. Certas famílias parecem geneticamente predispostas a desenvolver pólipos benignos nos intestinos, os quais, ainda que benignos, podem evoluir para um câncer. Portanto, sua eliminação é necessária.

A colonoscopia é o exame feito utilizando-se um aparelho com sistema ótico que passa através do ânus para visualizar a mucosa intestinal, permitindo extirpar eventuais pólipos. É um procedimento realizado sob anestesia geral leve e exige apenas internação de meio dia.

Em caso de antecedentes familiares de câncer de cólon ou de pólipos, uma colonoscopia preventiva é recomendada a partir dos 45 ou 50 anos. Sua periodicidade vai depender da descoberta ou não de pólipos.

Deverá ser feita a cada cinco anos, se o intestino estiver normal. Assim como as mulheres que não apresentam nenhum sintoma ginecológico, mas devem submeter-se regularmente a exames de detecção precoce de câncer de colo de útero (o preventivo, ver pergunta de nº 30), também as mulheres acima de 45 anos de idade e sem problemas digestivos nem antecedentes familiares de câncer de intestino ou pólipos podem fazer um exame de detecção precoce de câncer de cólon chamado Hemoccult®, que revela a presença de sangue (invisível a olho nu) nas fezes.

Se o resultado for positivo, uma colonoscopia deverá ser feita para que se possa, em um a cada 10 casos, diagnosticar um câncer em estágio mais precoce do que aqueles identificados em pessoas que aguardaram os sintomas para então se consultarem.

Por outro lado, investigar um possível câncer de pulmão é recomendado às mulheres fumantes, já que, entre elas, a freqüência do câncer de pulmão hoje ultrapassa a de câncer de intestino. Nos Estados Unidos, ultrapassa até mesmo a de câncer de mama. Essa investigação consiste em providenciar uma radiografia dos pulmões. Mas a melhor das prevenções ainda é parar de fumar. Qualquer que seja sua idade, você logo constatará os benefícios. Se parecer difícil, saiba que seu médico pode ajudá-la.

Outra doença cuja detecção precoce é possível e cuja incidência genética já foi demonstrada é o glaucoma. Uma consulta com oftalmologista é recomendada às mulheres que têm parentes atingidos por essa doença. Nesse caso, trata-se simplesmente de verificar a pressão dentro dos olhos, um exame que permite descobrir a doença num estágio mais precoce. Por fim, um controle do estado da dentição encerra a lista de exames preventivos.

Esses exames não têm o objetivo de causar inquietação. Ao contrário, uma maior vigilância médica e bons hábitos de vida permitem evitar um grande número de doenças. Além disso, o diagnóstico precoce de uma eventual doença aumenta as chances de cura.

35 A partir de que momento posso seguir um tratamento hormonal do climatério e da menopausa?

Nem sempre as irregularidades menstruais do climatério precisam ser tratadas. De fato, se elas não provocam nenhum desconforto e não se fazem acompanhar de ondas de calor nem de desequilíbrio hormonal importante (fluxo normal e seios que não doem), o tratamento é dispensável.

No entanto, mesmo nesse caso, o uso regular de progesterona pode seu útil ao permitir determinar com exatidão quando começar uma terapêutica de reposição hormonal na menopausa.

Enquanto o uso de progesterona induzir menstruações, sabe-se que os ovários ainda secretam uma boa quantidade de estrogênios e que não é necessário iniciar o TRH. A progesterona é tomada durante dez dias por mês e a menstruação ocorre alguns dias após sua interrupção. Se durante três meses consecutivos o tratamento não provocar menstruação, admite-se que a menopausa está instalada e inicia-se o TRH.

Em outros casos, é melhor instaurar um tratamento logo no início do climatério. Um tratamento por progesterona ou progestágeno (hormônio sintético que imita os efeitos da progesterona) é recomendado quando a predominância de estrogênios provoca problemas na mulher que está no climatério. Tal desequilíbrio hormonal pode manifestar-se por meio de dores nos seios antes da menstruação (mastodinias pré-menstruais), as quais podem vir acompanhadas de áreas de alterações fibrocísticas (ver pergunta de nº 32).

Um excesso de estrogênios em relação à progesterona pode também ser um fator de hemorragias: as menstruações podem ser longas demais e/ou abundantes demais devido ao desenvolvimento excessivo da mucosa uterina (ver pergunta de nº 2, esquema 1). Essas hemorragias podem levar, num período relativamente rápido, a anemias por deficiência de ferro. As principais manifestações da anemia são cansaço geral, dificuldade aos menores esforços e vertigens.

É indispensável tomar comprimidos de ferro para reconstituir os glóbulos vermelhos perdidos e é igualmente necessário interromper as perdas excessivas de sangue com um tratamento progestativo. Este poderá evitar o recurso à curetagem, intervenção realizada sob anestesia geral que permite eliminar rapidamente uma mucosa uterina espessa demais.

O caso de Gislaine, 48 anos

Há três semanas, Gislaine tem sangramentos genitais. Parece-lhe que o fluxo abundante não diminui com o passar dos dias. Ora, Gislaine pensava estar em menopausa. Sua última menstruação ocorreu há quatro meses. Sentindo-se perfeitamente bem, ela queria "deixar a natureza agir".

No ano anterior, no entanto, teve que se submeter a uma curetagem, sob anestesia geral, em conseqüência de um período de menstruações hemorrágicas. O exame da mucosa uterina obtida na curetagem revelou pólipos. Desta vez, Gislaine não precisará de intervenção, já que um tratamento médico fará cessar os sangramentos. Mas ela deverá tomar ferro durante vários meses por causa de uma importante anemia. Um tratamento hormonal regular por progestágeno será aconselhado até que sua menopausa chegue, já que, conforme tudo indica, ainda não está instalada.

O tratamento com progestágenos pode ser seguido durante 10, 15 ou 20 dias por mês, de acordo com as necessidades de cada mulher. Neste último caso (com certos progestágenos), ele bloqueia o funcionamento dos ovários e é, portanto, contraceptivo.

Muitas vezes, é recomendado com este objetivo, em vez da contracepção estroprogestativa ou da micropílula de progesterona, a mulheres, a partir dos 40 anos, que apresentem menstruações abundantes ou patologia das mamas.

Se o tratamento ultrapassar o objetivo desejado, que é a diminuição do fluxo menstrual, e levar à ausência total de menstruação, pode-se reequilibrá-lo empregando pequenas doses de estrogênios simultaneamente aos últimos comprimidos de progestágeno.

Bastará aumentar a dose de estrogênios e diminuir a de progesterona, quando houver necessidade, para se conseguir um verdadeiro TRH. A menopausa passará, assim, quase despercebida e sua data exata não será conhecida.

O tratamento associando um poderoso progestágeno durante 20 dias por mês a pequenas doses de estrogênios é chamado de "bloqueio-substituição". De fato, ele bloqueia o funcionamento dos ovários e substitui uma parte dos hormônios que, por causa disso, não são mais secretados. É um tratamento muito utilizado quando as ondas de calor começam já no climatério, permitindo, assim, evitar excesso de estrogênios desse período e todos os problemas a ele associados: afecções nas mamas (dores, cistos, alterações fibrocísticas), do útero (hemorragias pelo espessamento excessivo da mucosa uterina ou mesmo pólipos) ou alterações de humor (ver pergunta de nº 15).

Freqüentemente, um tratamento de reposição hormonal da menopausa vem logo em seguida a um tratamento da pré-menopausa. Mas também pode ser prescrito bem no início, quando a menopausa já está evidentemente instalada. Considera-se, é claro, a data da última menstruação, bem como o aspecto das mucosas durante o exame ginecológico.

CAPÍTULO 4

O tratamento de reposição hormonal

O tratamento

36 Em que consiste o tratamento de reposição hormonal? Quais são seus componentes?

Há mulheres para quem a menopausa é uma etapa realmente difícil de atravessar. Para elas, o tratamento de reposição hormonal (TRH) pode ser de grande ajuda, já que proporciona ao organismo os hormônios que deixaram de ser secretados pelos ovários a partir da menopausa, e que fazem falta quando estes deixarem de funcionar. No TRH, o mais ativo dos hormônios é o estrogênio, cuja ação é regulada pela progesterona ou por um de seus derivados, justamente para evitar eventuais efeitos secundários. O TRH tem por objetivo remediar as conseqüências causadas pelo desaparecimento das secreções ovarianas, buscando não somente suprimir os sintomas imediatos (ondas de calor etc.), mas também prevenir os efeitos tardios da menopausa, como a osteoporose.

O estrogênio

O estrogênio comumente prescrito tanto no Brasil quanto na França é o estradiol, um dos hormônios secretados naturalmente pelos folículos ovarianos (ver pergunta de nº 2). O estradiol pode ser administrado de diferentes maneiras:

- Através da pele (via percutânea), sob forma de um gel para espalhar ou de um adesivo para colar sobre a epiderme.
- Pela boca (via oral), sob forma de comprimidos.
- Por pulverizações nasais (uma invenção mais recente).

Para os adesivos e comprimidos, existem várias dosagens, o que permite adaptar o tratamento às reações e às necessidades de cada mulher. O gel permite utilizar doses extremamente fracas. Numa mesma pessoa, dependendo da via de administração, os efeitos não são exatamente idênticos. Em certos casos, os médicos preferem indicar a via percutânea em vez de comprimidos.

No útero, o estradiol provoca um aumento da espessura da mucosa (ver esquema 1, na pergunta de nº 2), mesmo se o tratamento começar vários anos após o desaparecimento das menstruações. Os estrogênios não devem, portanto, ser tomados isoladamente, porque um espessamento prolongado da mucosa uterina pode desencadear sangramentos, formação de pólipos e até câncer de corpo de útero. Por isso, o tratamento por estrogênios é sempre associado à progesterona ou a um progestágeno (hormônio sintético que reproduz certos efeitos da progesterona).

A única exceção a essa regra é o caso de mulheres cujo útero foi retirado por intervenção cirúrgica (histerectomia) antes da menopausa: os riscos de sangrar ou de desenvolver pólipos ou um câncer de útero não existem mais, mesmo que o colo do útero não tenha sido retirado na operação (ver pergunta de nº 30).

Os progestágenos

O tratamento de reposição hormonal da menopausa associa sempre dois hormônios, um estrogênio e um progestágeno, salvo em mulheres que já não tenham útero.

A progesterona natural se apresenta sob forma de cápsulas que podem ser tomadas por via oral ou aplicadas na vagina. Ela pode ser substituída por produtos que reproduzem seus principais efeitos, chamados de progestágenos. Tais moléculas pertencem a diferentes classes conforme sua estrutura química, o que lhes confere ações terapêuticas diferentes. Os médicos prescrevem preferencialmente os progestágenos mais próximos do hormônio natural.

Um dispositivo intra-uterino contendo um progestágeno, hoje prescrito como contraceptivo, talvez um dia seja empregado para proteger o útero dos efeitos do estrogênio do TRH, substituindo os progestágenos em comprimidos.

37 Onde e como agem os estrogênios?

Para que um hormônio aja sobre um órgão, é preciso que este possua em suas células estruturas chamadas receptores, nas quais a molécula hormonal "se encaixa". Dizemos que ela se liga ao receptor. Um grande número de tecidos e de órgãos do corpo é dotado de receptores que permitem a ligação dos estrogênios, o que significa que o TRH terá ações múltiplas no organismo. Conhecemos atualmente dois tipos de receptores de estrogênios: os receptores alfa e os receptores beta, que estão distribuídos de forma desigual nos órgãos. Pesquisas realizadas sobre esses receptores avançaram bastante nos últimos anos, o que nos faz esperar, para o futuro, novos tratamentos realmente específicos para os órgãos sobre os quais queiramos agir (ver pergunta de nº 95).

Lista dos órgãos sobre os quais agem os estrogênios (órgãos-alvo):

- Aparelho genital
- Aparelho urinário
- Cartilagens articulares
- Cérebro
- Coração e vasos sangüíneos
- Intestino grosso
- Fígado
- Ossos
- Pele e fâneros (cabelos, pêlos, unhas, dentes)
- Mamas
- Olhos

38 Na prática, como se faz um tratamento de reposição hormonal?

Um tratamento de reposição hormonal (TRH) em geral tenta imitar, da maneira mais fiel possível, o funcionamento natural dos ovários e dos ciclos hormonais (ver pergunta de nº 2).

O esquema clássico de um tratamento compreende duas fases. Na primeira fase, somente o estrogênio é tomado por cerca de 10 dias. Na segunda, ele é associado à progesterona ou a um progestágeno, de 12 a 15 dias.

Em seguida, o tratamento é suspenso por alguns dias, quando então surgem menstruações provocadas artificialmente. Esse esquema clássico pode ser modificado para se obter a ausência total de menstruações (ver pergunta de nº 57).

Cada um dos hormônios pode ser administrado separadamente. Isso permite ajustar as doses de hormônios ou os tipos de produtos utilizados e, assim, adaptar o tratamento a cada mulher em particular, de acordo com suas reações. Por exemplo, aquelas que sentem dores nas mamas ou têm menstruações muito abundantes deverão diminuir a dose de estrogênio ou aumentar a duração do progestágeno, ou ainda tomar um progestágeno mais potente.

Existem também tratamentos por via oral que associam simultaneamente os dois hormônios. Eles têm a vantagem da comodidade, já que basta tomar um único comprimido por dia, todos os dias, até o final da cartela.

Pode-se em seguida fazer uma pausa de alguns dias ou encadeá-la diretamente com uma nova cartela. Alguns desses tratamentos apresentam o inconveniente de conter um progestágeno cuja estrutura química é bem diferente da estrutura da progesterona natural. Em geral parece preferível empregar moléculas similares às do hormônio natural (ver pergunta de nº 59).

Os efeitos do tratamento

39 Tenho ondas de calor. O TRH pode ajudar-me?

Os estrogênios apresentam certa eficácia contra as ondas de calor ligadas à menopausa. Vários estudos mostram que eles diminuem a quantidade diária dessas ondas em 75 a 80%, ou mais. O efeito se dá rapidamente, em menos de um mês.

Na maioria das vezes, as ondas de calor desaparecem totalmente com um tratamento bem dosado em estrogênios. Na verdade, sua eficácia depende da quantidade de hormônios. Doses fracas, inferiores à metade das consideradas atualmente como padrão, são suficientes para aliviar a maioria das mulheres.

Se o tratamento parecer ineficaz, então é preciso procurar uma outra causa para as ondas de calor – por exemplo, uma anomalia da glândula tireóide (ver pergunta de nº 13).

Outros medicamentos podem ser associados aos estrogênios quando sua eficácia é insuficiente e se não for possível ou desejado aumentar sua dose. Tratamentos alopáticos (preconizados pela medicina clássica) não-hormonais tratando especificamente das ondas de calor ou remédios homeopáticos são compatíveis com o TRH.

Recorrendo a um esquema clássico, quer dizer, 20 a 25 dias de tratamento e 6 a 10 dias de pausa, pode acontecer de as ondas de calor reaparecerem durante o período de interrupção do TRH. Nesse caso, preconiza-se um tratamento sem interrupção.

40 Tenho problemas ginecológicos e urinários. O tratamento hormonal pode aliviar-me?

As mucosas genitais e urinárias são muito sensíveis aos estrogênios. O tratamento hormonal consegue fazer com que as mulheres voltem a se sentir cômodas em relação a essas partes do organismo que ficaram fragilizadas com a menopausa. Sob ação dos estrogênios, a mucosa vaginal se espessa e se torna menos frágil. A sensação de secura cessa. A acidez da vagina aumenta, o que a deixa menos suscetível às infecções. Iniciado rapidamente após a menopausa, o uso de estrogênios evita o aparecimento de uma atrofia e de um estreitamento da entrada da vagina. Portanto, ele suprime as principais causas de eventuais dores durante as relações sexuais.

Um tratamento iniciado tardiamente após a menopausa é eficaz sobre a vagina, mas menos sobre a vulva. Desse modo, é difícil tratar um desconforto vulvar devido a uma atrofia que venha a se manifestar 20 a 30 anos depois da menopausa, em mulheres que jamais tenham empregado estrogênios. Portanto, é desejável seguir um tratamento local preventivo (ver quadro a seguir), se você não faz um TRH. É necessário começar cedo, aplicá-lo regularmente e continuar durante muitos anos. Há dois estrogênios utilizáveis sob forma local. Um deles não se difunde pelo organismo e não necessita das mesmas precauções de emprego do TRH.

Nas mulheres sujeitas a infecções urinárias de repetição, os estrogênios podem ter uma ação benéfica, porque permitem à bexiga defender-se melhor. Certas cistites não-infecciosas estão diretamente relacionadas à carência de estrogênios; nesse caso, elas desaparecem com um tratamento hormonal geral ou local. Um aporte de estrogênios melhora igualmente as perdas involuntárias de urina, na proporção de dois a cada três casos. No entanto, na maior parte dos casos, é necessário reeducar o períneo com a ajuda de um fisioterapeuta especializado (ver perguntas de n.os 18 e 31).

Estrogênios em óvulos

A ação da terapêutica de reposição hormonal às vezes é insuficiente para suprimir inteiramente a sensação de secura vaginal e vulvar ou os sinais de atrofia (diminuição da espessura das mucosas, que as torna mais frágeis). Isso porque o aporte de estrogênios é insuficiente; então, é preciso aumentá-lo. É possível fazê-lo localmente, com a aplicação de estrogênios menos potentes do que o estradiol, os quais agem na vagina, vulva e vias urinárias. Apresentam-se sob forma de creme ou de óvulos a serem introduzidos na vagina. Um tratamento local evita excessos do tratamento principal, no caso deste ser suficiente para promover bem-estar e suprimir ondas de calor. Tratamentos locais podem também ser empregados isoladamente nas mulheres que têm como sintoma da menopausa apenas problemas urinários ou genitais.

41 Ando cansada e deprimida. Devo fazer um tratamento hormonal?

Durante esse período singular que envolve a menopausa podem ocorrer situações de naturezas diversas, às vezes mal vivenciadas, que baixam a auto-estima. Se um estado depressivo se instalar nessa ocasião, as modificações hormonais poderão ser consideradas um fator agravante, sem, no entanto, serem a verdadeira causa.

O TRH tem um efeito benéfico sobre o humor, assim como melhora o estado geral, na medida em que reduz os problemas de sono – e, conseqüentemente, também a fadiga que advém do déficit de sono. Entretanto, nem sempre basta recorrer ao TRH, sobretudo no caso de pessoas que sofrem de verdadeira depressão. Antes de tudo, é preciso distinguir entre a simples tristeza passageira (facilmente resolvida) e a verdadeira depressão, doença completa que exige tratamento específico.

Como reconhecer a depressão? Ela se manifesta por sensação de grande tristeza acompanhada de perda de auto-estima. A pessoa deprimida não vê graça em nada, não se sente boa para mais nada. Precisa esforçar-se para fazer o que antes lhe parecia fácil e natural. Não tem mais fome ou, ao contrário, é vítima de ataques de bulimia.

Pensamentos sombrios invadem regularmente seu espírito, sua vida parece-lhe vazia e sem interesse, sua libido extingue-se. Com freqüência, a depressão provoca intensa fadiga (especialmente pela manhã) e dificuldades de concentração. É muitas vezes acompanhada de uma ansiedade que provoca insônias e faz a pessoa despertar bem cedo. Ela pode manifestar-se por meio de certa agressividade ou irritabilidade.

Em outros casos, é o corpo que reage: dores de cabeça, vertigens, mal-estar e palpitações são às vezes alguns de seus sinais. No caso de uma verdadeira depressão, a psicoterapia é de grande ajuda. Algumas vezes, também é necessário apelar a medicamentos antidepressivos, desde que haja acompanhamento médico e psicológico.

Entretanto, mesmo que se trate apenas de um estado depressivo leve, encontrar um ombro amigo e atento sempre ajuda. Se você acha que seu cansaço e estado depressivo têm relação com sua menopausa, não hesite em falar sobre isso com seu médico – e não somente para que ele prescreva uma TRH que lhe permitirá recuperar as energias, mas também para falar de suas inquietações e preocupações.

42 Os estrogênios podem limitar o envelhecimento da pele?

Com a idade, a pele envelhece num ritmo que depende em grande parte da hereditariedade. Pode-se constatar, por exemplo, que os sinais de envelhecimento da pele aparecem, em média, 10 anos mais tarde nas mulheres asiáticas do que nas mulheres européias.

Mas a pele também envelhece mais rápido quando houve abuso de sol e/ou de cigarro. Por fim, a menopausa também é responsável por certas transformações (ver pergunta de nº 21). Os estrogênios trazidos por um tratamento de reposição hormonal (TRH) agirão apenas sobre as mudanças causadas pela menopausa. Em contrapartida, não terão nenhum efeito sobre as rugas profundas provocadas, por exemplo, pelos raios ultravioletas do sol. O TRH, no entanto, permite às mulheres às quais é prescrito ter uma pele mais hidratada, menos fina e frágil. As mulheres assim tratadas sentem menos o repuxamento da pele porque o seu ressecamento diminui, assim como as marcas de expressão, uma vez que a pele se torna mais espessa e tonificada.

A ação dos estrogênios sobre os cabelos é menos visível. Entretanto, eles diminuem as quedas e atenuam a perda de elasticidade.

43 O TRH é interessante para prevenir ou tratar outras conseqüências da menopausa?

O TRH empregado por via geral (cutânea, oral ou nasal, ver pergunta de nº 36) habitualmente suprime as dores articulares e musculares, assim como as sensações bucais desagradáveis (especialmente a secura da boca, ver pergunta de nº 23), mas é pouco eficaz sobre a secura ocular. Neste último caso, é mais indicado recorrer a um tratamento local: pesquisas mostram que pingar gotas contendo estrogênios nos olhos produziria resultado superior ao das lágrimas artificiais.

O tratamento hormonal também permite prevenir modificações do registro da voz, especialmente nas mulheres magras que são particularmente atingidas por esse fenômeno. Mas se ele já se manifestou, o TRH parece ser capaz de restaurar a voz no prazo de quatro a seis meses. Especialistas em laringe aconselham associar o TRH a complementos de magnésio e vitaminas B5, B6 e E.

Em geral, o tratamento de reposição hormonal rapidamente gera maior conforto, compensando, para um bom número de mulheres, os eventuais efeitos desagradáveis da menopausa. Para aquelas que não sentem nenhum sintoma perturbador, a questão é saber se há interesse em prevenir as conseqüências tardias da menopausa. O efeito preventivo está garantido para os ossos (ver pergunta de nº 44); parece possível para o cérebro (ver pergunta de nº 47); mas, para o plano cardiovascular, embora tenha sido aceito até recentemente, é hoje em dia objeto de discussão (ver pergunta de nº 46).

44 Os estrogênios protegem contra a osteoporose?

Está demonstrado que os estrogênios protegem contra a osteoporose e as fraturas que daí resultam, impedindo a diminuição do tecido ósseo. Uma a cada duas fraturas decorrentes da osteoporose poderia ter sido evitada graças a um tratamento de reposição hormonal na menopausa, empregado em doses suficientes e por tempo suficientemente longo. As doses consideradas padrão protegem e são uma garantia contra a perda óssea, enquanto as doses fracas são menos protetoras.

Se os estrogênios só puderem ser tomados em pequena quantidade, é recomendável acompanhar a manutenção da densidade óssea por meio de densitometrias ósseas regulares (ver pergunta de nº 26).

Ainda que o TRH interrompa a perda de tecido ósseo, ela reaparecerá assim que o tratamento for interrompido. Portanto, o tratamento deve necessariamente ser de longa duração (ver pergunta de nº 54). Paralelamente, é preciso fornecer aos ossos os nutrientes de que eles necessitam, sobretudo cálcio. Por outro lado, o uso de hormônios é complementado de maneira eficaz pela prática de atividades físicas (ver pergunta de nº 91).

Seguir um TRH permite conservar uma boa densidade óssea, inclusive nos maxilares. A higiene bucodentária e os cuidados efetuados pelos dentistas também desempenham um importante papel na conservação dos dentes. Os estrogênios parecem fazer parte das terapêuticas que podem ser associadas a essa conservação.

Estudos mostraram que mulheres que estão em TRH apresentam densidade óssea na região dos molares claramente superior à das mulheres não tratadas, revelando menores riscos de perder os dentes e ter de usar prótese dentária.

Mas, e se o tratamento não foi iniciado logo no início da menopausa? Os estrogênios protegem os ossos mesmo quando tomados tardiamente. Quando a menopausa foi confirmada há bastante tempo, doses pequenas parecem suficientes. A densidade do tecido ósseo será mantida exatamente como se encontrava no início do tratamento; às vezes, aumenta ligeiramente.

45 O TRH age sobre a artrose?

A artrose é uma doença crônica das articulações. Caracteriza-se por uma alteração das cartilagens que recobrem os ossos e pela produção de excrescências ósseas capazes de provocar dores articulares e limitação dos movimentos. Radiografias podem mostrar sinais de artrose sem que haja nenhuma manifestação aparente da doença. As áreas mais atingidas são o quadril (coxartrose), o joelho (gonartrose), a coluna vertebral e as mãos. A doença é rara antes dos 40 anos, mas cada vez mais freqüente com o avanço da idade: mais de 80% da população é atingida após os 75 anos.

Os primeiros sinais aparecem em geral entre 50 e 60 anos. Após os 55 anos, a afecção atinge mais freqüente e intensamente as mulheres do que os homens.

Pesquisas mostraram que receptores de estrogênios dos dois tipos (alfa e beta, ver pergunta de nº 37) estão presentes nas cartilagens articulares. Portanto, o tratamento hormonal é capaz de agir sobre a doença. Embora alguns estudos sugiram um possível efeito benéfico do TRH, especialmente sobre o quadril, hoje em dia ainda não há uma conclusão a respeito.

46 O TRH protege contra doenças cardiovasculares?

O conjunto das doenças do coração e dos vasos sangüíneos (doenças cardiovasculares) constitui a primeira causa de morte entre as mulheres francesas e brasileiras. Metade das mortes se deve a uma crise cardíaca (infarto do miocárdio) ou a um acidente vascular cerebral. Quanto à angina de peito, é uma doença dolorosa e incapacitante que pode se complicar com um infarto do miocárdio (ver pergunta de nº 27).

Os fatores de risco cardiovasculares são os mesmos tanto para a mulher em menopausa quanto para o homem: tabagismo, hipertensão arterial, excesso de "mau" colesterol no sangue (ver pergunta de nº 27), diabetes e, em medida menor, a obesidade (sobretudo a de tipo masculino, chamada "andróide", em que a gordura se acumula na barriga) e o sedentarismo. Pode-se tentar agir diretamente sobre esses fatores, modificando-se o regime alimentar, abandonando o cigarro e retomando uma atividade física. Além disso, há medicamentos eficazes para baixar a pressão arterial e as taxas de colesterol e de açúcar no sangue.

Até o momento, parecia que o tratamento de reposição hormonal também poderia auxiliar na prevenção cardiovascular. Os efeitos benéficos dos estrogênios foram admitidos com base num certo número de argumentos epidemiológicos e experimentais. Por exemplo, notou-se que as mulheres estão protegidas das doenças cardiovasculares antes da menopausa (ver pergunta de nº 27).

Notou-se igualmente que os estrogênios têm uma certa ação sobre a parede das artérias, onde, aliás, receptores dos dois tipos foram encontrados (ver pergunta de nº 37). As conclusões a que chegaram as diferentes experiências realizadas em laboratório são as seguintes: que o estradiol protege, por diversos mecanismos, contra a aterosclerose e ainda ajuda a regenerar as paredes vasculares quando forem agredidas.

No entanto, é importante que os resultados de trabalhos efetuados em laboratório possam ser reforçados por estudos realizados nas mulheres (ver na pergunta de nº 64 como avaliar os efeitos de uma molécula). Os primeiros estudos americanos realizados em mulheres apresentaram resultados encorajadores: estimaram que o risco de morte por uma crise cardíaca era duas vezes menor nas mulheres que seguiam um tratamento hormonal do que nas que não o seguiam. O efeito benéfico do TRH provavelmente foi em parte relacionado à diminuição do mau colesterol obtida graças ao tratamento. Por outro lado, pareceu que as mulheres que obtiveram maior benefício com o TRH foram aquelas que revelaram maior risco cardiovascular.

Esses resultados foram questionados após um estudo (também americano) "duplo-cego", aparentemente mais confiável do que os precedentes. Nestes, apenas se observou, durante um longo período, dois grupos de mulheres em menopausa: um em que elas seguiam um TRH, o outro não.

A principal crítica a esse tipo de estudo é que as mulheres dos dois grupos não são comparáveis, já que as primeiras estão, *a priori*, com melhor saúde e mais sensíveis à medicina preventiva. Os estudos duplo-cego, ao contrário, comparam dois grupos de mulheres cujas características são as mais próximas possíveis.

Por sorteio, um dos grupos recebe um tratamento hormonal, o outro, um placebo, ou seja, uma substância desprovida de qualquer atividade.

O objetivo desse estudo duplo-cego foi avaliar a eficácia do TRH na prevenção de acidentes cardiovasculares em mulheres que já apresentavam doença das artérias do coração (doença coronariana) conhecida e severa. Essas mulheres, com idade média de 67 anos, encontravam-se na menopausa havia vários anos. Ao fim de quatro anos de observação, o tratamento não revelou nenhum benefício.

O número de crises cardíacas foi equivalente tanto nas mulheres que receberam placebo quanto nas que receberam TRH. Além disso, nestas últimas verificou-se um aumento significativo do número de tromboses venosas.

O que é uma trombose venosa?

É a formação de um coágulo sangüíneo numa veia. Chama-se também flebite. O coágulo, que em geral se forma numa perna, pode subir até o sistema circulatório pulmonar: é a embolia pulmonar. Algumas pessoas têm uma predisposição a esse tipo de acidente. Tal predisposição pode ser detectada por um exame de sangue que pesquise anomalias em certos elementos que participam da coagulação sangüínea. Alguns tratamentos hormonais, agindo sobre a coagulação do sangue, podem favorecer as tromboses venosas e são, portanto, contra-indicados em pessoas suscetíveis a tais acidentes.

Esse estudo teve por objetivo avaliar a eficácia de uma prevenção "secundária" pelo TRH, quer dizer, uma prevenção das complicações uma vez que a doença já esteja presente. Houve várias tentativas para explicar essa ausência de eficácia.

Uma delas se baseou em experiências realizadas com animais fêmeas em laboratório (chimpanzés), que revelaram o efeito benéfico do estrogênio para a prevenção da aterosclerose, mas não para quando as lesões já estão bem constituídas nos vasos. Lançou-se, então, a hipótese de que os estrogênios só seriam benéficos se prescritos bem cedo. Em caso de aterosclerose constituída, eles poderiam até mesmo ser nocivos em certos casos, que aprendemos a identificar nas mulheres.

Outra explicação para a ineficácia do TRH na prevenção cardiovascular secundária liga-se à natureza dos produtos utilizados. Deve-se destacar que os estudos foram realizados nos Estados Unidos, onde os produtos que compõem o TRH diferem sensivelmente daqueles preconizados, por exemplo, por médicos franceses. O progestágeno é pouco utilizado na França. Suspeita-se que ele neutralize os esperados efeitos benéficos dos estrogênios sobre os vasos sangüíneos.

Por outro lado, os estrogênios prescritos ao longo desses estudos são retirados de urina de égua e contêm várias moléculas que não são produzidas pelo ser humano. Além disso, eles só podem ser tomados por via oral, o que parece ter efeitos negativos (afluxo para o fígado, o que não existiria pela via percutânea). Esse tipo de estrogênio modifica a coagulação do sangue, o que explica o aumento de risco de trombose venosa constatado.

Um novo estudo americano, igualmente "duplo-cego", cujos resultados apareceram em julho de 2002, trouxe conclusões ainda mais negativas, já que mostrou nas mulheres tratadas um aumento de acidentes cardíacos, de acidentes vasculares cerebrais e de tromboses venosas: respectivamente, de sete, oito e oito casos suplementares para cada 10 mil mulheres acompanhadas ao longo de um ano.

Mas é preciso notar que entre as mulheres que foram objeto desse estudo, mais de dois terços ultrapassavam os 60 anos e 69% apresentavam excesso de peso, metade delas com obesidade importante (IMC superior a 30, ver pergunta de nº 20). A obesidade é, em si, um fator de risco de acidente cardiovascular e trombose venosa. Por outro lado, como os androgênios são transformados em estrogênios no tecido gorduroso (ver pergunta de nº 4), as mulheres com excesso de peso apresentam uma taxa de estrogênio mais elevada do que as demais. Como conseqüência, as doses padrão de um tratamento hormonal podem ser altas para algumas dessas mulheres.

Por fim, os fatores de risco cardiovasculares não são idênticos para todas as mulheres, sejam francesas, americanas, brasileiras ou de outra nacionalidade, por causa das diferenças verificadas na alimentação assim como na freqüência da obesidade encontradas nos diversos países.

Uma coisa é certa: o TRH deve ser personalizado. Nem toda mulher pode tomar qualquer um dos tratamentos hormonais presentes no mercado, nas doses "padrão" e a qualquer idade.

Cada vez mais, os médicos prescrevem o estradiol por via percutânea, o que parece preferível. Ele pode ser associado à progesterona. É o tratamento mais natural possível.

Infelizmente, hoje em dia não há nenhum estudo similar aos dos americanos que permita avaliar os efeitos reais desse tratamento nos seres humanos.

47 Os estrogênios podem ajudar a conservar a boa memória? Eles agem sobre a doença de Alzheimer?

Sabe-se que os estrogênios podem agir sobre o cérebro. De fato, numerosos receptores de estrogênio foram descobertos em certas regiões cerebrais. Há grandes concentrações deles nas áreas implicadas nas funções de aquisição de conhecimentos (a cognição, ver pergunta de nº 28) e de memorização.

Estudos realizados em laboratório sobre o comportamento de animais não deixam dúvida quanto ao efeito benéfico dos estrogênios na manutenção das capacidades de aprendizagem.

Melhor ainda: os estrogênios se revelaram capazes de reconstituir as extremidades de células nervosas depois que elas foram intencionalmente lesionadas.

O TRH permite à mulher conservar por mais tempo a memória e o raciocínio? Os resultados de diferentes estudos, em que se avaliaram os desempenhos das funções cerebrais graças a diversos testes, foram contraditórios.

Em alguns trabalhos, observou-se melhor resultado em mulheres que estavam usando estrogênios. Em outros, nenhum efeito benéfico do tratamento hormonal pôde ser evidenciado. Outros medicamentos têm efeito benéfico indireto sobre a memória, porque aumentam o débito sangüíneo no cérebro.

Quanto às perdas de memória devidas ao estresse, elas podem ser melhoradas tomando-se magnésio. De qualquer maneira, é importante exercitar a memória regularmente.

Para preservar sua memória

Para manter uma boa memória é necessário:

- Continuar a aprender regularmente, inclusive aprender "de cor".
- Dormir o suficiente e, sobretudo, sem medicamentos, já que eles alteram certas fases do sono necessárias à memória.
- Ter um bom aporte alimentar em lipídeos, particularmente em ácidos graxos essenciais (ver pergunta de n.º 84) indispensáveis aos neurônios.

Na luta contra a doença de Alzheimer (ver pergunta de nº 28), os estrogênios trouxeram grande esperança, mas aqui também diferentes estudos não levaram a uma conclusão certa. O tratamento hormonal poderia retardar o aparecimento da doença em virtude de sua ação protetora sobre as células nervosas. Apesar disso, teria pouco efeito sobre a doença já declarada.

48 Quais são os possíveis efeitos secundários do TRH sobre o útero e os seios?

Um TRH seguindo o esquema clássico, com um período de interrupção (ver pergunta de nº 38), pode provocar menstruações muito longas ou muito abundantes, dores ou inchaço dos seios. Tais efeitos secundários indesejados em geral se devem a um tratamento mal dosado (excesso de estrogênio ou insuficiência de progestágeno), bastando, portanto, modificá-lo (ver pergunta de nº 57).

Cada mulher deve beneficiar-se de um tratamento "sob medida", já que existem várias vias de administração do estrogênio e diferentes produtos para o progestágeno.

Alguns casos particulares podem ocorrer:

- Algumas mulheres sempre tiveram, desde a puberdade, menstruações abundantes. É compreensível então que vejam a menopausa como uma libertação e sejam reticentes quanto a um tratamento hormonal. Para elas, pode-se tentar fazer melhor do que a natureza. Em geral, é possível combinar o estrogênio com o progestágeno de maneira que se sintam bem com seu tratamento e menstruem pouco ou nada. O importante é conseguir manter o tratamento por bastante tempo.
- Mulheres que são muito sensíveis aos efeitos dos estrogênios sobre os seios e o útero podem receber prescrições de doses bastante baixas desses hormônios, geralmente suficientes para aliviar os sintomas ligados à menopausa. Os efeitos das baixas doses sobre os ossos são, no entanto, como vimos (na pergunta de n.º 26), menos constantes do que se verifica nas doses padrão. Nesse caso, é recomendável acompanhar a evolução do tecido ósseo realizando-se densitometrias ósseas regulares.

No caso de um tratamento sem período de interrupção, há, teoricamente, ausência de menstruação. Mas pequenos sangramentos ocorrem às vezes, de maneira irregular, o que costuma ser recebido como algo desagradável e inquietante. Esse fenômeno, normal no início do tratamento, deve desaparecer com o tempo ou após mudança dos produtos empregados. Tratamentos ininterruptos são indicados quando o emprego do TRH no esquema clássico provoca o aparecimento de sintomas no período em que ele é normalmente suspenso (dores "de menstruação" ou enxaquecas) ou quando as ondas de calor reaparecem antes do fim do período de interrupção do tratamento.

49 Os estrogênios aumentam o risco de aparecimento de câncer da mama?

Mulheres cuja menopausa ocorre espontaneamente mais tarde (55 anos, o que depende de predisposições hereditárias, ver pergunta de nº 3) apresentam risco maior de desenvolver câncer de mama do que aquelas cuja menstruação desaparece na idade habitual (em torno dos 50 anos de idade).

A partir daí, é possível perguntar se retardar artificialmente a idade da menopausa com um tratamento hormonal não aumentaria esse risco. Numerosos trabalhos tentaram avaliar a relação entre o TRH e o câncer de mama. Os resultados são às vezes contraditórios e dificilmente comparáveis, devido à grande variedade de tratamentos considerados. Diferentes estrogênios são empregados isoladamente ou associados a progestágenos de diferentes tipos, com doses e durações de tratamento variadas.

Entretanto, parece que são descobertos mais tumores malignos em seios de mulheres que estão sob TRH durante muitos anos: o risco aumentaria conforme a duração do tratamento. No entanto, o aumento do número de casos de câncer constatado sob tratamento permanece baixo se comparado ao que existe no caso de menopausa tardia espontânea.

Estudos feitos nos Estados Unidos indicam que, nas mulheres sob TRH, são detectados seis casos suplementares de câncer de mama a cada 1.000 mulheres tratadas por mais de 10 anos. E ainda 12 casos suplementares a cada 100 mulheres tratadas por mais de 15 anos. Os médicos deduzem que os estrogênios poderiam acelerar a evolução de um câncer já presente há vários anos, mas não poderiam fazer surgir um câncer.

Por outro lado, parece que os tumores que surgem durante o período de uso de estrogênios são pouco agressivos e evoluem em geral favoravelmente. Essa evolução mais favorável talvez se deva ao fato de serem diagnosticados precocemente, porque as mulheres que seguem um TRH vão regularmente ao médico, beneficiando-se de um melhor acompanhamento.

Mulheres que seguem um tratamento hormonal podem minimizar o aumento do risco de câncer de mama evitando associar TRH e álcool (ver pergunta de nº 93). É provável que se deva também levar em conta a dose de hormônios prescritos, particularmente nas mulheres com excesso de peso. As quantidades de estrogênios do TRH não devem ser as mesmas para todas e é cada vez mais comum que os médicos prescrevam somente doses fracas.

50 Os estrogênios favorecem o aparecimento de outros tipos de câncer ou de outras doenças?

O aumento do risco de câncer de corpo de útero (câncer de endométrio) é real quando os estrogênios são tomados isoladamente. Ele desaparece quando se acrescenta a progesterona ou um progestágeno, que impedem a proliferação anormal da mucosa uterina. Quanto ao câncer de colo de útero, ele não é influenciado de maneira nenhuma pelo emprego de hormônios.

O TRH parece aumentar o risco de câncer de mama e, inversamente, diminuir o de câncer de cólon (intestino grosso). Conseqüentemente, nos estudos que avaliam o risco global de se desenvolver um câncer sob TRH, o risco não aparece modificado pelo tratamento.

Em contrapartida, o risco de tromboses venosas (ver pergunta de nº 46) aumenta com certos tratamentos hormonais. Ele parece menor se o estrogênio é empregado preferencialmente por via percutânea do que por via oral. E depende também do progestágeno utilizado.

Seu médico estudará seu risco pessoal para trombose venosa antes de lhe prescrever um TRH. O perigo existe especialmente se você herdou anomalias genéticas da coagulação sangüínea. Se vários de seus parentes tiveram flebite ou embolia pulmonar, seu médico pesquisará esse tipo de anomalia (por meio de exame de sangue). Outros fatores favorecem a trombose venosa, tais como: obesidade, repouso prolongado no leito, varizes.

Os estrogênios também favorecem o aparecimento de cálculos da vesícula biliar, mas somente quando tomados por via oral. Essa doença benigna que afeta duas vezes mais mulheres do que homens passa despercebida em 80% dos casos. Ela também pode manifestar-se por crises de dor abdominal e vômitos. O risco é maior em mulheres obesas ou com parentes que apresentam tal afecção.

Inversamente, uma alimentação rica em fibras e moderadamente calórica, assim como a prática de atividade física constante, permitiria reduzir esse risco.

O levantamento de cada caso em particular, um tratamento adaptado (produtos e posologia) e um acompanhamento rigoroso permitem minimizar os riscos do tratamento de reposição hormonal.

As indicações e contra-indicações ao tratamento

51 Para quais mulheres os médicos recomendam o tratamento hormonal?

O TRH será recomendado se você se sentir incomodada por sintomas causados pela menopausa, sob a condição, claro, de que você não apresente nenhuma contra-indicação a esse tratamento. Ele também é especialmente aconselhado para certas mulheres, mesmo quando elas não se ressentem de nenhum sintoma. É o caso de todas aquelas que entraram em menopausa muito cedo, antes dos 40 ou 45 anos. Nelas, as conseqüências da falta de estrogênios, sobretudo nos ossos, podem manifestar-se precocemente.

O tratamento hormonal é também recomendado a todas aquelas com baixa reserva óssea, a fim de prevenir a osteoporose e as fraturas decorrentes dela. Em todos os casos, se você não apresenta contra-indicações médicas, a escolha de seguir ou não o tratamento é sua. Existem grandes variações na intensidade dos sintomas da menopausa e também na maneira como eles são vividos.

Algumas mulheres privilegiadas não apresentam nenhum sintoma. Outras preferem agüentar alguns desconfortos a seguir um tratamento considerado coercitivo ou "pouco natural", até porque é possível cuidar das ondas de calor com tratamentos alopáticos não-hormonais, com remédios homeopáticos ou com fitoestrógenos.

Mesmo quando não se deseja seguir um tratamento hormonal, é muito importante para todas as mulheres manter um acompanhamento ginecológico, dada a freqüência das patologias do aparelho genital e das mamas em qualquer idade (ver capítulo 3). Também é aconselhável fazer um levantamento das condições dos ossos por densitometria óssea.

A freqüência dos diferentes exames que serão recomendados será avaliada pelo médico conforme cada caso em particular.

52 Quais são as contra-indicações ao tratamento hormonal?

As contra-indicações ao TRH são cada vez menos numerosas em decorrência dos avanços médicos, o que faz com que sejam raras hoje as mulheres cujos médicos se recusam a indicar esse tratamento. No entanto, ainda existem algumas.

Uma doença grave do fígado, especialmente, contra-indica os tratamentos hormonais, assim como contra-indica a maior parte dos medicamentos.

Se você teve câncer de mama, em princípio não lhe prescreverão estrogênios. Algumas equipes médico-hospitalares acompanham atualmente mulheres que desenvolveram esse tipo de câncer e mesmo assim seguem um tratamento de reposição hormonal.

À primeira vista, o tratamento não parece ter efeitos negativos sobre a evolução da doença. Convém, entretanto, ser prudente e esperar para saber mais sobre as complexas relações entre os estrogênios, a progesterona e os progestágenos, por um lado, e a glândula mamária, por outro.

Em geral, o TRH é atualmente contra-indicado a todas as mulheres que tiveram câncer associado a hormônios (câncer chamado de "hormônio dependente").

O tratamento também não será prescrito se você teve recentemente uma trombose venosa (ver perguntas de nºs 46 e 50). Se o acidente for mais antigo, a decisão será tomada caso a caso, após levantamento do estado das veias e de uma investigação relacionada à predisposição hereditária para esse tipo de afecção.

Caso o tratamento seja autorizado depois da análise de seu caso em particular, ele será o mais natural possível (estradiol em gel ou adesivo e progesterona natural).

O estado de suas artérias é um elemento importante a ser considerado (ver pergunta de nº 46). Se você for portadora de um "risco cardiovascular", a possibilidade de receber ou não a prescrição de um TRH será estudada de acordo com sua história pessoal.

A situação muda se você já tiver tido um acidente cardíaco ou se, simplesmente, você apresentar maior risco de vir a ter um, caso por exemplo de quem fuma, tem excesso de peso ou colesterol demais no sangue.

As situações serão bem diferentes também em caso de se ter entrado em menopausa há muito ou pouco tempo. É preciso ainda levar em consideração as esperadas vantagens do tratamento sobre o bem-estar imediato e sobre os ossos. Aqui também, se o TRH for prescrito, ele será o mais natural possível.

Por fim, existem algumas doenças raras que podem ser agravadas sob uso de estrogênios. Seu médico poderá aconselhar ou desaconselhar o tratamento em razão de seu caso pessoal.

53 É possível fazer um tratamento hormonal quando se tem um problema no útero ou nos seios?

É possível, sim, seguir um TRH quando se tem mioma ou uma doença benigna de mama (ver perguntas de n.os 29 e 32). Entretanto, algumas precauções são necessárias a fim de evitar um desequilíbrio entre o estrogênio e o progestágeno.

Nessas situações, o TRH deve comportar um estrogênio em doses moderadas e um progestágeno bastante potente. As manifestações e a evolução de tais afecções dependem em parte do estado hormonal. Mulheres que precisaram tomar progestágenos para tratá-las antes da menopausa sabem bem disso. Um excesso de estrogênios pode fazer com que os miomas cresçam, com risco de provocar sangramentos excessivos em quem já tinha menstruações abundantes, o que é freqüente quando o útero apresenta miomas.

Em caso de doença benigna das mamas, também é preciso evitar o excesso de estrogênios, já que eles podem fazer reaparecer os cistos ou mesmo alterações fibrocísticas que havia espontaneamente regredido com o fim da produção de hormônios e que, nesse caso, voltaria a manifestar-se – e de maneira dolorosa. Mas isso não ocorrerá se o equilíbrio hormonal for respeitado. Aliás, se o útero foi retirado por uma intervenção cirúrgica, será possível, talvez, empregar estrogênios isolados sem que repercutam sobre as mamas.

O caso de Maria Ivone

Com a idade de 48 anos, Maria Ivone precisou submeter-se à retirada do útero e dos ovários. Ela tinha vários e grandes miomas que comprimiam as vias urinárias. Por causa disso, seus rins não poderiam continuar a funcionar corretamente e a cirurgia era indispensável. Por outro lado, suas menstruações eram muito abun-

dantes, o que ocasionava períodos de grande fadiga. Maria Ivone também sofria de alteração fibrocística das mamas, que regularmente a fazia sofrer.

É muito freqüente que miomas e doenças benignas da mama coexistam na mesma mulher. Depois da intervenção, um TRH foi iniciado em razão das ondas de calor e das dores articulares que Maria Ivone sofria.

No início, seu tratamento consistiu em pequenas doses de estrogênios associados a um progestágeno para evitar o reaparecimento das dores nos seios. Com o passar do tempo, a dose de estrogênios pôde ser aumentada e o progestágeno suspenso sem reação negativa nas mamas.

Certas mulheres sofrem de endometriose, uma doença benigna do útero. Essa afecção se manifesta na mulher jovem por dores no baixo-ventre, essencialmente no período da menstruação, além de dores também em outros momentos do ciclo, ao se sentar ou durante as relações sexuais. É provocada pela presença de fragmentos da mucosa uterina fora da cavidade uterina.

Essa mucosa evolui como o endométrio normal, quer dizer, cresce sob o efeito dos estrogênios, estabiliza-se sob o efeito da progesterona e atrofia-se quando não é mais estimulada pelos hormônios (ver esquema 1, da pergunta de nº 2).

Em princípio, essa doença se cura espontaneamente depois de uma gravidez ou da menopausa. No entanto, depois da menopausa podem persistir alguns fragmentos ou um cisto de ovário causado pela afecção. O tratamento hormonal pode, então, fazer ressurgir dores no baixo-ventre. Conforme o caso, será necessário modificá-lo ou suspendê-lo.

As perguntas mais freqüentes sobre o TRH

54 Durante quanto tempo é preciso seguir o tratamento?[2]

Está provado que o tratamento de reposição hormonal alivia os sintomas desagradáveis que se manifestam nos anos que sucedem a menopausa. Entretanto, ao término de vários meses ou de vários anos, um certo fastio acomete freqüentemente as mulheres que o empregam. Por que continuar a tomar medicamentos? É quando algumas então param... e depois recomeçam rapidamente, porque dizem se sentir tão melhores com o tratamento! Efetivamente, as ondas de calor podem persistir em algumas mulheres por mais de 10 anos. Portanto, elas podem reaparecer a cada tentativa de interrupção do TRH (ver o caso de Simone, na pergunta de nº 11). Paralelamente, as vias genitais podem rapidamente se atrofiar após a interrupção dos estrogênios, o que resulta em incômodo na vulva (ardência ou prurido) e dores durante as relações sexuais. Nesse caso, pode-se preconizar um simples tratamento local à base de estrogênios (ver pergunta de nº 40).

Na ausência de sintomas incômodos, certas mulheres seguem o TRH para se precaver contra a osteoporose. Para ser eficaz, o tratamento deve ser seguido, no mínimo, por sete a 10 anos. Em certos casos, seria certamente desejável continuá-lo por ainda mais tempo. Sabe-se que a perda óssea recomeça logo que o tratamento cessa. As vantagens

2. **Nota da tradutora:** Um estudo versando sobre a incidência de câncer de mama em mulheres sob tratamento de reposição hormonal foi publicado em agosto de 2003. Mais de um milhão de mulheres no Reino Unido, metade delas usando hormônios para tratamento da menopausa, foram observadas durante mais de quatro anos. Os pesquisadores concluíram que o uso corrente de TRH está associado a um maior risco de incidência e morte por câncer de mama. Esse efeito é substancialmente maior com combinações estrogênio-progesterona do que com outros tipos de TRH. Em vista de tais resultados, reforça-se entre os médicos a tendência a diminuir as doses e o tempo de prescrição de TRH para cerca de cinco anos.

e os riscos devem ser colocados na balança de acordo com os conhecimentos atuais sobre seus efeitos a longo prazo.

O aumento do risco de câncer de mama, quando empregado por 10 a 15 anos, é provável, embora fraco. Cada mulher deve discutir com o próprio médico a melhor conduta a ser seguida de acordo com sua história pessoal.

Assim, a duração do tratamento varia conforme a idade em que ocorreu a menopausa. Os médicos aconselham, geralmente, o uso tanto mais longo quanto mais precoce for a menopausa.

55 Eu estou em menopausa há alguns anos. Ainda posso começar um tratamento hormonal?

Diferentes motivos podem levar a mulher a iniciar um tratamento hormonal vários anos depois da menopausa. Os casos de Nicole, Joana e Gisele são três exemplos, entre outros.

Na maior parte das mulheres, o TRH pode ser iniciado a qualquer momento a contar da menopausa. As contra-indicações são as mesmas das mulheres mais novas, embora sejam mais freqüentes (ver pergunta de nº 52). Entretanto, convém levar ainda em consideração o risco cardiovascular (ver pergunta de nº 46).

O benefício do tratamento para os ossos é superior quando ele é prescrito logo no início da perda óssea causada pela menopausa (que ocorre, às vezes, desde os primeiros períodos de amenorréia, quer dizer, desde a interrupção temporária das menstruações, a pré-menopausa).

Mesmo assim, o tratamento permanece útil, já que permite manter a densidade óssea no nível em que se encontrava no início do tratamento e às vezes até aumentá-la ligeiramente. Fracas doses de estrogênio costumam ser suficientes.

Os casos de Nicole, Joana e Gisele

Aos 55 anos, Nicole refez sua vida, após nove anos de um doloroso divórcio. Apesar de todo o amor que sente por seu novo companheiro, suas relações sexuais não são satisfatórias porque são dolorosas. Nicole está em menopausa há seis anos e jamais fez um tratamento hormonal. Suas mucosas genitais estão, por isso, ressecadas e sensíveis. O meio mais eficaz e mais rápido de resolver esse problema é realizar um tratamento hormonal sistêmico. Em seguida, Nicole poderá, se preferir, fazer um tratamento local com creme ou óvulos.

Joana também tem 55 anos. Há alguns meses vem sofrendo de freqüentes infecções urinárias e tem, desde que pararam suas menstruações, há cinco anos, freqüentes ondas de calor. Ela só as tolerava por medo do tratamento hormonal. Suas amigas conseguiram convencê-la e agora ela quer tentar iniciar o tratamento.

Gisele, 59 anos, viu sua irmã – que é três anos mais velha do que ela – curvar-se de maneira muito brusca. Ela deseja fazer um tratamento preventivo de osteoporose. Após análise completa dos respectivos antecedentes pessoais e familiares, um exame clínico, uma mamografia e densitometria óssea, Nicole, Joana e Gisele puderam começar um TRH, com doses baixas de estrogênio, já que o tratamento iniciou-se muito tempo depois de confirmada a menopausa. As doses aumentarão posteriormente, se necessário.

56 Com o tratamento de reposição hormonal, minhas menstruações voltaram. Preciso de anticoncepção?

Isso preocupa muitas mulheres, sobretudo se a menopausa ocorreu subitamente, com pouco ou nenhum sintoma incômodo, tendo sido a ausência de menstruação o principal sinal de que chegara. Ora, só será prescrito um TRH após um diagnóstico médico de menopausa. O tratamento apenas imita o funcionamento dos ovários, mas não devolve a essas glândulas a capacidade de funcionar. Sob o efeito dos hormônios, o útero é estimulado, o que pode provocar falsas menstruações (ver pergunta de nº 2, esquema 1). Mas, para que haja possibilidade de gravidez, é preciso que existam óvulos produzidos pelos ovários, o que não é mais o caso quando a menopausa está instalada. Portanto, não é mais possível engravidar, qualquer que seja o tratamento hormonal feito (ver perguntas de nºs 5 e 6), e você não precisa de anticoncepção.

Mesmo quando os ovários voltam a funcionar parcialmente, quando parecia que a menopausa estava instalada (ver pergunta de nº 58), seus folículos não se desenvolvem o suficiente para que ocorra uma ovulação (aliás, o tratamento de bloqueio-substituição que será prescrito nesse caso é contraceptivo, já que paralisa o funcionamento dos ovários).

57 É possível não menstruar quando se faz um TRH?

O fato de ter ou não menstruações depende do equilíbrio entre o estrogênio e o progestágeno. Já vimos que o estrogênio faz aumentar a espessura da mucosa uterina, enquanto a progesterona limita esse efeito (ver pergunta de nº 2), assim como os progestágenos contrapõem-se, com mais ou menos força conforme os produtos, à ação dos estrogênios.

Para evitar menstruar, é então necessário tomar um progestágeno potente e por mais tempo do que seria normalmente necessário.

Melhor do que aumentar a dose de progestágeno pode ser diminuir a de estrogênios. No entanto, se esta for muito fraca, há o risco de não se obter do tratamento os benefícios esperados, particularmente sobre as ondas de calor, a atrofia das mucosas genitais ou a proteção dos ossos.

O TRH também pode ser empregado continuamente, sem período de interrupção. É o que chamamos de tratamento sem menstruação. Mas, nesse caso, é muito freqüente que ocorram sangramentos irregulares, pelo menos no início do tratamento.

Em resumo

Um TRH em doses normais provoca o retorno de menstruações mesmo quando iniciado vários anos após a menopausa.

Para suprimir as menstruações, é preciso empregar mais progestágenos ou menos estrogênios do que num tratamento clássico ou seguir um tratamento ininterrupto.

Não é fácil conseguir ao mesmo tempo suprimir as menstruações e ter um equilíbrio hormonal satisfatório.

---

58 O TRH faz engordar?

A maior parte das mulheres não ganha peso com o tratamento hormonal. Em geral, o TRH tem um efeito favorável sobre a silhueta, impedindo a localização das gorduras especificamente na barriga (o que habitualmente acontece após a menopausa, pela falta de estrogênios, ver pergunta de nº 20). Por outro lado, melhorando o humor e o tônus, ele evita as "boquinhas" intempestivas! O aumento de peso depois da menopausa em geral está ligado à alimentação inadequada associada à atividade física reduzida. Portanto, basta inverter essa tendência para minimizá-lo.

Se necessário, converse a respeito disso com um médico. O aumento de peso às vezes também é devido a uma insuficiência da glândula tireóide, causa que será investigada por seu médico se existirem outros sinais evocando o problema.

No entanto, há mulheres com maior sensibilidade às prescrições hormonais e que vão sentir-se inchadas desde o início do tratamento. Essa sensação corresponde, embora nem sempre, a um aumento real do peso na balança por ocasião da consulta. Por causa da retenção de água, freqüentemente ela se faz acompanhar de cansaço e peso nas pernas. Nesse caso, os estrogênios devem ser empregados em doses baixas e o progestágeno cuidadosamente escolhido. Será útil complementar o TRH com um tratamento homeopático.

Tomar diariamente, pela manhã, Thuya 9 CH ajudará você a se adaptar aos hormônios, mas desde que seu médico seja consultado. O tratamento homeopático deverá prosseguir até que a sensação de inchaço tenha desaparecido e o peso tenha se estabilizado.

Um eventual ganho de peso também pode ser explicado em razão da quantidade excessiva de estrogênios. Pesquisas médicas definiram uma dose padrão, que convém à maioria das mulheres. No entanto, ela pode ser demais para certas mulheres. Como existem diferentes modos de administração, é fácil empregar doses mais fracas.

Às vezes, em certas mulheres, acontece também de os ovários recomeçarem a funcionar parcialmente quando a menopausa já parecia instalada. Os estrogênios que eles secretam se somam aos trazidos pelo tratamento de reposição. O tratamento deverá então ser modificado para bloquear os ovários. Será útil adotar um tratamento chamado "bloqueio-substituição" (ver pergunta de nº 35).

59 Que diferenças existem entre os hormônios da pílula anticoncepcional e os do TRH?

O TRH e a anticoncepção oral chamada estroprogestativa (a que tem prescrição mais corrente) associam, tanto um quanto outro, dois hormônios: um estrogênio e um progestágeno. Esses produtos apresentam, entretanto, algumas diferenças: em geral, os tratamentos utilizados para a menopausa contêm produtos "mais naturais" do que os que são utilizados na pílula anticoncepcional, ainda que os diferentes produtos sejam todos fabricados pela indústria farmacêutica.

Assim, o estrogênio mais freqüentemente prescrito na menopausa, tanto na França quanto no Brasil, é o estradiol, um dos hormônios naturalmente produzidos pelos ovários e cuja fórmula química foi "copiada".

Na pílula anticoncepcional, tem-se um derivado obtido por síntese química, o etinil-estradiol. Os efeitos dos dois produtos, especialmente sobre o colesterol, a pressão arterial e a coagulação sangüínea são, portanto, diferentes.

A progesterona utilizada na menopausa também é uma cópia do hormônio natural.

Muito freqüentemente, ela é substituída por progestágenos, que são produtos que não existem em estado natural na mulher, mas são em geral derivados próximos da progesterona natural. Na pílula, ao contrário, os diferentes progestágenos são, no que se refere à sua estrutura química, produtos bem distantes desse hormônio.

Em conseqüência dessas diferenças, as contra-indicações e os efeitos colaterais da pílula anticoncepcional são mais numerosos do que os do tratamento da menopausa. Se este não é empregado como contracepção, é porque a combinação de estradiol e de progesterona naturais não promove o bloqueio do funcionamento dos ovários necessário à anticoncepção.

60 Eu tenho enxaquecas. Elas vão desaparecer com a menopausa? O tratamento hormonal vai agravá-las?

Antes da puberdade, as enxaquecas são igualmente freqüentes entre meninos e meninas, mas depois elas incidem em 17% das mulheres e apenas 6% dos homens, o que sugere que haja um elo entre essa afecção e os hormônios femininos. Por outro lado, um bom número de mulheres tem enxaquecas claramente ligadas a seus ciclos, ocorrendo, na maioria das vezes, antes ou durante as menstruações, às vezes no período de ovulação.

A maioria das mulheres (mais de 60%) vê suas crises de enxaquecas diminuírem após a menopausa. Inversamente, a situação agrava-se em quase 20% dos casos. Há também mulheres até então poupadas, que terão crises de enxaqueca no climatério.

Depois dos 50 anos, a freqüência de enxaquecas fica ainda mais elevada entre as mulheres do que entre os homens. Após os 60 anos de idade, ela diminui claramente nos dois sexos. O tratamento hormonal da menopausa pode fazer reaparecer enxaquecas quando estas são ligadas ao período menstrual e, portanto, à queda das taxas de hormônios no sangue. Para evitar tal inconveniente, é preciso empregar um tratamento contínuo, quer dizer, sem períodos de interrupção.

CAPÍTULO 5

Os fitoestrogênios

61 O que são fitoestrogênios? Por que o interesse por essas moléculas?

O termo fitoestrogênios se refere a um grupo de moléculas oriundas de plantas que apresentam estrutura química semelhante à dos estrogênios. Portanto, os fitoestrogênios têm efeitos em parte similares aos dos hormônios.

Algumas dessas moléculas hoje são objeto de estudo, especialmente para o tratamento de mulheres em menopausa: tenta-se descobrir se podem representar uma alternativa aos estrogênios no tratamento dos sintomas precoces da menopausa e na prevenção de suas conseqüências tardias.

O interesse pelos fitoestrogênios surgiu de algumas constatações, em particular do fato de as mulheres asiáticas, que têm uma alimentação bem diferente, parecerem protegidas contra certos males que afligem as mulheres ocidentais. A diferença é clara quando se compara a freqüência de ondas de calor entre um grupo e outro de mulheres: menos de 25% das japonesas e das chinesas sofrem com os fogachos. Já entre as americanas, esse percentual chega a 85% e entre as européias, a 75%.

Os tumores malignos hormônio-dependentes de mamas e de corpo do útero, assim como a osteoporose, também são mais raros na Ásia do que no Ocidente. Por isso, suspeitou-se de que a origem dessa diferença no estado de saúde talvez estivesse nos hábitos alimentares de cada cultura. A atenção recaiu então sobre os fitoestrogênios contidos na soja, alimento básico em certos países da Ásia.

Um pouco de história

Em 1926, constatou-se cientificamente pela primeira vez que extratos vegetais podiam comportar-se como estrogênios. Tradicionalmente, certas plantas já eram reconhecidas por suas virtudes, devido a seus componentes estrogênicos. Assim, na Idade Média, o clero utilizava o lúpulo para diminuir a libido.

Em seguida, certas observações permitiram evidenciar alguns efeitos dos fitoestrogênios em animais. Nos anos 40, foi descrita na Austrália a "doença do trevo": as ovelhas que pastavam em zonas em que esta planta era abundante apresentavam problemas de fertilidade e modificações dos órgãos genitais. Tais efeitos foram atribuídos aos fitoestrogênios contidos no trevo. Posteriormente, descobriu-se que para outras espécies de animais (porcos, vacas, codornizes), o coumestrol (fitoestrogênio do grupo dos coumestanos, pouco presente na alimentação humana, ver pergunta de n.º 62) tem igualmente reais efeitos hormonais indesejáveis sobre a sua reprodução e o seu desenvolvimento.

Já em 1975, um estudo recenseou 94 plantas tendo uma ação estrogênica (ou seja, semelhante à ação dos estrogênios) sobre o organismo. A lista desses vegetais, nem todos comestíveis, é hoje bem mais longa.

Em 1982, pela primeira vez, fitoestrogênios foram identificados em urina de seres humanos, o que significava que essas moléculas vegetais podiam realmente ser absorvidas pelo organismo humano. Desde então, efetuaram-se alguns estudos para tentar identificar suas propriedades para a espécie humana.

62 Onde se encontram os fito-estrogênios?

Os fitoestrogênios são fornecidos ao organismo pela alimentação. Mas certas plantas que não entram na alimentação têm igualmente virtudes estrogênicas. Por fim, encontram-se também fitoestrogênios na farmácia, sob forma de complementos nutricionais.

Os fitoestrogênios das plantas comestíveis

Pertencem principalmente a três classes, denominadas isoflavonas, lignanos e coumestanos.

- Isoflavonas encontram-se essencialmente em grãos de soja e produtos derivados da soja (ver tabela, pergunta de n.º 90). Estão também presentes em outras leguminosas: feijões, grão-de-bico, lentilhas, favas. As duas principais isoflavonas são a genisteína e a daidzeína.
- Lignanos encontram-se em certos frutos (maçãs, pêras, cerejas), certos legumes (lentilhas, cenouras, funcho, alho, cebola), nos cereais integrais, mas sobretudo nos grãos ricos em óleos, como a linhaça. Sua concentração é de 4 mcg/g no alho e de 1,8 mcg/g na pêra e atinge 675 mcg/g no grão de linhaça. Também há lignanos no lúpulo e no milho, por isso, encontram-se na cerveja e no bourbon.
- Coumestanos encontram-se, sobretudo, nas forragens destinadas aos animais (trevo e alfafa), mas também nos brotos (especialmente no broto de soja). O mais importante deles é o coumestrol.

Número 1: a soja

Os fitoestrogênios chegam ao organismo humano essencialmente pelo consumo de soja. Em comparação, os outros vegetais contribuem pouco. Há, por exemplo, 100 vezes mais isoflavonas nos grãos de soja do que nos grãos-de-bico. Há entre 400 e 3.800 mcg (0,4 e 3,8 mg) de isoflavonas por grama nos grãos de soja. A concentração varia conforme as diferentes variedades genéticas da planta e as condições de sua cultura (características do solo, estação do ano, contaminação eventual por fungos etc.). Ela depende igualmente da transformação industrial (ver pergunta de n.º 90).

O consumo médio de isoflavonas das populações asiáticas é tradicionalmente estimado entre 20 mg/dia e 150 mg/dia ou mesmo 200 mg/dia. Segundo um estudo recente, ele se situaria melhor entre 25 mg/dia e 32 mg/dia (dos quais, 40% de daidzeína e 60% de genisteína). De qualquer maneira, o consumo é amplamente superior ao das populações ocidentais, cuja alimentação fornece menos de 5 mg/dia de fitoestrogênios.

Para poder obter benefício de um aporte equivalente, seria preciso mudar radicalmente nossos hábitos alimentares. Uma tarefa difícil quando se sabe que o paladar se forma durante a infância... O que não impede a curiosidade. Teste algumas das receitas que são propostas no capítulo 7 (ver pergunta de n.º 90)!

Os fitoestrogênios das plantas não-comestíveis

Alguns outros vegetais contêm moléculas com atividade estrogênica. Podemos citar algumas plantas empregadas em fitoterapia para tratar diversas afecções médicas, como a sálvia, a casca de salgueiro, o ginseng siberiano (ou eleuterococo). Podemos também citar a cimicifuga (ou *Actaea racemosa*), utilizada por médicos homeopatas para tratar certos problemas ginecológicos (ver pergunta de n.º 81).

Os complementos nutricionais de isoflavonas

Apresentados sob forma de comprimidos, os complementos de isoflavonas fornecem a quantidade média de fitoestrogênios fornecida por uma alimentação à base de soja. Seus efeitos no organismo, no entanto, não podem se igualar aos efeitos produzidos via alimentação. Na verdade, os resultados dependem não só dos fitoestrogênios, mas também de todo o conjunto de elementos que compõem a soja e ainda do conjunto de diferentes substâncias fornecidas ao organismo durante as refeições (fibras, gorduras, álcool etc.).

Os complementos de isoflavonas podem ser adquiridos em farmácia sem receita, mas é sempre recomendável consultar antes um especialista.

63 Como agem os fitoestrogênios?

Antes de agir, os fitoestrogênios fornecidos pela alimentação devem passar por transformações nos intestinos, por intermédio de bactérias que compõem a flora intestinal.

Tudo o que possa atrapalhar essas transformações impede a penetração dos fitoestrogênios e prejudica sua ação no organismo. Assim sendo, uma doença do intestino irá alterar a absorção dos fitoestrogênios, bem como o uso de laxantes ou as perturbações da flora intestinal verificadas após uso de antibióticos. A absorção simultânea de outros componentes alimentares (fibras, gordura, álcool etc.) provoca consideráveis variações na quantidade de fitoestrogênios que poderão agir no organismo.

Uma vez vencida essa primeira etapa, essas substâncias apresentam diferentes mecanismos de ação, mas o principal deles é o de se fixar nos receptores de estrogênios (ver pergunta de n.º 37), o que traz várias conseqüências:

- Quando já há estrogênios no organismo, supõe-se que as diferentes moléculas entrem em competição para se posicionarem nos receptores. Em alguns órgãos, os fitoestrogênios poderiam, assim, impedir em parte a ação dos estrogênios e ter, portanto, uma ação "antiestrogênica".
- Na ausência de estrogênios, os fitoestrogênios teriam uma ação similar a deles, mas menos potente, portanto, teriam menor eficácia.
- A possibilidade de os fitoestrogênios se fixarem nos receptores depende do seu tipo. A genisteína, que é a isoflavona mais estudada, fixa-se preferencialmente nos receptores de tipo beta do que nos de

tipo alfa. Sua ação sobre os órgãos ou tecidos alvos dos estrogênios (ver quadro, na pergunta de n.º 37), será, conseqüentemente, diferente em razão do tipo de receptores que tiver.

O poder de ação dos fitoestrogênios é muito mais fraco do que o dos estrogênios. O do coumestrol, o mais potente dos fitoestrogênios, é 500 vezes inferior ao do estradiol; o da genisteína, 1.250 vezes inferior. Mesmo sendo tão pouco potentes, os fitoestrogênios podem ser encontrados em quantidade significativas no organismo. As mulheres que consomem soja regularmente têm no sangue concentrações de fitoestrogênios bem superiores às concentrações de estradiol.

Outras moléculas podem entrar em competição com os estrogênios ou os fitoestrogênios para se fixarem nos receptores de estrogênios:

- O tamoxifeno, substância prescrita no tratamento de mulheres que tiveram câncer de mama. Nesse caso, tomar fitoestrogênios não é inócuo (ver perguntas de n.os 70 e 96).
- Os xenoestrogênios, moléculas produzidas pela indústria química e que podem ser encontradas no ar, na água e nos alimentos. São substâncias muito numerosas. Contidas especialmente nos pesticidas, podem permanecer longos anos no meio ambiente, de 30 a 50 anos. Um exemplo é o DDT. Esse inseticida, apesar de hoje proibido tanto na França como no Brasil, ainda é utilizado em outros países que exportam produtos alimentares. Os xenoestrogênios poderiam ter sua parcela de responsabilidade no aumento, verificado nos últimos anos, da freqüência de certos tumores malignos, em especial o de mama. Nesse caso específico, os fitoestrogênios teriam talvez um efeito benéfico por ocupar o lugar cobiçado pelos xenoestrogênios nos receptores de estrogênios.

64 Como podemos avaliar os efeitos dos fitoestrogênios no organismo?

Como acontece com toda molécula cujas propriedades se quer demonstrar cientificamente, diferentes tipos de estudos permitem avaliar os efeitos dos fitoestrogênios.

- Uma parte desses estudos procura observar como a molécula age em animais susceptíveis de ter reações similares às do ser humano (por exemplo, ratas ou macacas). Entretanto, é difícil extrapolar inteiramente os resultados desses trabalhos.
- Outros se voltam para os acontecimentos verificados quando se coloca a molécula na presença de células humanas, em laboratório. Fala-se então de estudos *in vitro*. Foi assim que se pôde estabelecer a potência dos diferentes fitoestrogênios em relação ao estradiol (ver pergunta de nº 63) e avaliar os efeitos da genisteína sobre as células cancerosas (ver pergunta de nº 69).
- Os estudos mais interessantes são aqueles que tentam apreciar as ações da molécula no ser humano (estudos *in vivo*). Estudos avaliando os efeitos dos fitoestrogênios na mulher ainda são pouco numerosos. Além disso, apenas foram realizados com um pequeno número de participantes e em curtos períodos. Seus resultados são às vezes discordantes. Ainda assim, pode-se constatar alguns efeitos interessantes que encorajam o prosseguimento dos trabalhos que permitirão determinar com precisão as indicações dessas moléculas, em especial para a mulher em menopausa.

Atualmente, os reais efeitos positivos e os eventuais efeitos colaterais do uso a longo prazo das isoflavonas ainda são desconhecidos. Seria importante que essas moléculas fossem estudadas de maneira tão rigorosa quanto os medicamentos: não é porque essas substâncias são oriundas de plantas que elas são, *a priori*, inofensivas. Até o momento, não se sabe até onde vão os efeitos estrogênicos das isoflavonas na mulher em menopausa, se existe uma dose que possa ser considerada totalmente benéfica e sem perigo. Estamos à espera de trabalhos que estudem o efeito a longo prazo dessas moléculas.

65 Os fitoestrogênios podem combater os efeitos da menopausa?

No período da menopausa, as mulheres japonesas pouco se queixam das ondas de calor (menos de 20% delas assinalam esse sintoma), embora reclamem mais de rigidez dos ombros, dores de cabeça, dores lombares, insônia e ruídos nos ouvidos.

Inversamente, nas mulheres ocidentais, as ondas de calor são o sintoma mais freqüente e, sobretudo, o que traz mais perturbação no dia-a-dia. Seria interessante determinar o que explica essa diferença: características genéticas? Particularidades culturais? O modo de vida? A alimentação?

O certo é que as queixas das mulheres, no momento da menopausa, variam muito conforme as etnias ou as populações. Elas parecem fortemente influenciadas pela maneira como cada sociedade encara a mulher em menopausa (ver pergunta de n.º 12). Ainda assim, a baixa freqüência da ocorrência das ondas de calor entre japonesas talvez também esteja relacionada com a presença de fitoestrogênios em abundância na sua alimentação.

As ondas de calor evoluem espontaneamente ao longo do tempo e suas causas ainda são mal conhecidas. Um placebo é capaz de diminuir em 25 a 30% seu número e intensidade. No entanto, a diminuição da taxa de estrogênio na menopausa é em parte responsável pela incidência desse sintoma, logo a restituição desses hormônios ao organismo é um tratamento especialmente eficaz. Por isso se questionou se os "estrogênios vegetais" teriam efeitos similares.

Estudos mostram que sua eficácia é inferior à dos estrogênios e mais lenta para manifestar-se. Mesmo assim, de 40 mg/dia a 80 mg/dia de fitoestrogênios, sob forma de proteínas de soja ou de isoflavonas oriundas da soja, podem reduzir em cerca de 45% o número e a intensidade das ondas de calor.

Mas os efeitos dos fitoestrogênios parecem variar intensamente de indivíduo para indivíduo. Uma das causas é a diferença de alcance no organismo. Em 20 mulheres que usaram extratos de soja por via oral, observou-se que somente 18 apresentavam taxas detectáveis de fitoestrogênios no sangue.

Num outro estudo, constatou-se que a ingestão de uma mesma quantidade de farinha de soja resultou em taxas de fitoestrogênios na urina variando em até 1.500 vezes de indivíduo para indivíduo. Especula-se que a penetração dessas moléculas no organismo depende do uso concomitante de outros alimentos e que problemas intestinais podem se contrapor a ela.

Nessas condições, é difícil definir uma dose específica que teria resultados constantes sobre as ondas de calor. Os trabalhos que avaliam os efeitos dos fitoestrogênios sobre a mucosa vaginal apresentam resultados extremamente variados. Às vezes, obtém-se uma ação semelhante à dos estrogênios, ainda que menos intensa. A mucosa torna-se, então, mais espessa, o que pode diminuir a sensação de secura vaginal.

Em contrapartida, os fitoestrogênios não parecem ser eficazes contra os outros sintomas da menopausa, particularmente a insônia e a ansiedade, as dores articulares e musculares ou as dores de cabeça.

66 Os fitoestrogênios têm efeito benéfico sobre os ossos?

Fraturas de colo de fêmur são raras entre asiáticas, que são grandes consumidoras de fitoestrogênios. É claro que pode haver aí uma razão anatômica, já que esse osso é, em geral, mais curto na população asiática, portanto, menos vulnerável. Globalmente, a osteoporose (que afeta todos os ossos e não apenas o fêmur) é mais rara na Ásia do que no Ocidente.

Os fitoestrogênios são em parte responsáveis por isso? Será que eles participam da preservação da mineralização do tecido ósseo, que é o que garante sua solidez? Os resultados de algumas experiências realizadas em animais sinalizam a favor dessa hipótese, já que a genisteína é tão eficaz quanto os estrogênios para manter a densidade óssea de ratas. No entanto, os resultados não são similares em macacas, animais que costumam ter reações semelhantes às do ser humano (ver pergunta de n.º 64).

Na mulher, alguns estudos, infelizmente muito raros e realizados por curtos períodos, parecem demonstrar que o uso de soja tem um certo efeito benéfico sobre os ossos. A maior parte dos trabalhos que foram feitos até hoje em mulheres estudaram principalmente a ipriflavona, que é uma molécula derivada das isoflavonas por síntese química.

A ipriflavona, apesar de sua estrutura química parecida com a dos fitoestrogênios, não tem nenhuma atividade estrogênica. Ela foi testada unicamente com o objetivo de avaliar seus efeitos sobre os ossos. Os primeiros testes deixaram entrever a ação dessa molécula sobre a manutenção da densidade óssea, mas eles não foram confirmados em seguida. Aliás, a ipriflavona deve ser considerada como um verdadeiro medicamento, já que revelou ter efeitos colaterais indesejáveis (diminuição dos glóbulos brancos) num número considerável de mulheres.

Até hoje, não havia nenhum estudo de longo prazo que permitisse saber se as isoflavonas de soja tinham mesmo um papel na prevenção da osteoporose. Entretanto, essa pista será explorada e teremos respostas em alguns anos, já que estudos sobre o efeito dessas moléculas sobre os ossos começaram recentemente a ser feitos sobretudo na França.

67 Os fitoestrogênios têm efeito benéfico sobre o sistema cardiovascular?

A alimentação tradicional das asiáticas lhes confere uma certa proteção em relação às doenças cardiovasculares. Ela contém muitas fibras de origem vegetal e uma pequena quantidade do tipo de gordura que favorece a aterosclerose: as gorduras saturadas (ver perguntas de n.ºs 27 e 84).

A soja parece ter um papel relevante nessa proteção, porque teria dois tipos de ações benéficas no plano cardiovascular: faria abaixar a taxa de colesterol no sangue e exerceria um efeito protetor sobre os vasos sangüíneos.

São particularmente interessantes os resultados de diversos estudos sobre os efeitos do consumo alimentar de soja em pessoas com taxas muito elevadas de gorduras no sangue: as taxas do colesterol total e do "mau" colesterol diminuem. Para tanto, é preciso consumir no mínimo 25 g de proteínas de soja por dia e não ter uma alimentação muito rica em gorduras.

Mas o mérito dessa redução do colesterol não deve ser atribuído somente aos fitoestrogênios: a associação com outros componentes da soja parece necessária. Sabe-se pouco a respeito dos efeitos das isoflavonas sobre os vasos sangüíneos. Em experiências realizadas em animais (macaca), a genisteína mostrou alguns efeitos similares aos dos estrogênios, tendo assim uma ação protetora em relação à aterosclerose.

Na mulher, essas moléculas parecem melhorar a distensibilidade das artérias e diminuir a pressão arterial.

68 Os fitoestrogênios têm efeito benéfico sobre o cérebro?

No cérebro, há receptores de estrogênios que permitem a essas moléculas agir, sobretudo, em regiões onde estão concentrados (ver perguntas de nºs 37 e 47).

Os dois tipos de receptores (alfa e beta) estão presentes no cérebro, mas algumas áreas possuem apenas um deles. Os fitoestrogênios presentes na soja, que agem de preferência sobre os receptores beta, são capazes de ter uma ação mais sensível sobre certas partes do cérebro.

Experiências em laboratório permitiram observar os efeitos favoráveis das isoflavonas sobre as células cerebrais, mas unicamente sob certas circunstâncias e em certas concentrações. Os primeiros dados ainda não permitem tirar nenhuma conclusão sobre os possíveis efeitos dos fitoestrogênios no cérebro humano, mas encorajam a pesquisa científica a prosseguir por esse caminho.

69 Os fitoestrogênios protegem contra o câncer de mama?

Alguns argumentos justificam essa pergunta. As japonesas que vivem no Japão têm risco de desenvolver um câncer de mama cinco vezes menor do que as francesas e sete vezes menor do que as americanas. A diferença desaparece quando elas emigram para os Estados Unidos, especialmente se elas deixaram seu país há muito tempo e adotaram o modo de vida ocidental.

As mulheres de origem japonesa nascidas nos Estados Unidos apresentam risco de desenvolver câncer no seio quase idêntico ao das americanas. Portanto, é certo que a incidência desse câncer é influenciada pelo ambiente, o modo de vida ou a alimentação.

Como conseqüência dessas constatações, foram empreendidos estudos a fim de averiguar se a soja poderia ser um fator de proteção contra o câncer de mama.

Primeiro, mostrou-se que as mulheres japonesas que ainda não entraram em menopausa têm menos risco de desenvolver câncer de mama quanto mais tomem sopa de missô (sopa à base de legumes e de pasta de soja fermentada). Em seguida, diversos trabalhos compararam as taxas urinárias de fitoestrogênios em mulheres que têm câncer de mama com as taxas de mulheres com as mesmas características gerais, mas sem câncer.

As mulheres com câncer de mama tinham uma taxa de fitoestrogênios na urina claramente inferior a das demais, o que quer dizer que elas também tinham quantidades inferiores de fitoestrogênios no sangue (já que a quantidade presente na urina reflete aquela presente no sangue).

Depois, estudou-se em laboratório a ação da principal isoflavona da soja, a genisteína, sobre as células cancerosas da mama. Essa molécula tem efeitos complexos. Em doses altas (ou seja, superiores às constatadas no sangue de quem tem uma alimentação rica em soja), ela é capaz de frear o desenvolvimento das células cancerosas; inversamente, ela estimula esse desenvolvimento quando está presente em baixas concentrações. A presença ou não de estrogênios também influencia a ação da genisteína.

Seu impacto, porém, pode então não ser o mesmo nas diferentes idades da vida (antes ou depois da puberdade, antes ou depois da menopausa). De qualquer maneira, hoje não se sabe avaliar *in vivo* (na mulher) a concentração de genisteína nas células da mama. É possível que essa concentração não seja a mesma da que se mede no sangue, a qual, por sua vez, depende de fatores pessoais (ver pergunta de nº 63) e não pode ser deduzida a partir das quantidades fornecidas pela alimentação.

Como já vimos, de maneira geral os fitoestrogênios são capazes de impedir que outras moléculas se fixem nos receptores de estrogênios. Assim sendo, eles poderiam ter um efeito de proteção das mamas, impedindo a ação de xenoestrogênios, substâncias químicas suspeitas de serem cancerígenas (ver pergunta de nº 63). Eles poderiam também evitar que as células mamárias de mulheres jovens sejam demasiadamente estimuladas pelos estrogênios mais potentes secretados pelos ovários.

Outros fatores sugerem que o consumo de soja na adolescência é que poderia proporcionar proteção em relação ao câncer de mama. Uma pesquisa em particular, conduzida entre mulheres chinesas, mostrou que apenas as que tinham tido um regime rico em soja na adolescência apresentavam baixo risco de desenvolver câncer de mama. Essa conclusão permanecia válida quer essas mulheres tivessem continuado ou não a consumir soja, quer elas estivessem ou não em menopausa.

Em resumo, algumas constatações sugerem que talvez seja o consumo de soja que relativamente preserve as japonesas do câncer de mama. Essa hipótese, entretanto, não foi comprovada. Outros elementos podem entrar em jogo, como peso, estilo de vida, ambiente ou outros fatores alimentares.

70 Que mulheres podem beneficiar-se dos complementos de isoflavonas?

Algumas mulheres não querem fazer tratamento hormonal ou não o suportam por diversas razões – menstruações artificiais consideradas insuportáveis, sensação de peito inchado, dores no baixo-ventre (por exemplo, as que sofriam de endometriose antes da menopausa, ver pergunta de nº 53). Ainda assim, elas podem ter sintomas desagradáveis.

As isoflavonas, embora sem atingir a eficácia do tratamento de reposição hormonal, podem reduzir a freqüência e a intensidade das ondas de calor e, às vezes, também o incômodo vaginal devido ao ressecamento provocado pela diminuição da taxa de estrogênios na menopausa. Entretanto, outros transtornos ligados à carência hormonal não serão aliviados.

Há mulheres para quem o tratamento de reposição hormonal será recusado por razões médicas.

Nas situações em que o médico preferir evitar prescrever um TRH, os fitoestrogênios provavelmente serão empregados em substituição. No entanto, os oncologistas recomendam prudência a toda mulher que tenha sido recentemente tratada de um câncer de mama, já que o efeito dos fitoestrogênios sobre a glândula mamária é ainda pouco conhecido (ver pergunta de nº 69).

Considera-se perigoso ministrar estradiol quando um câncer de mama acaba de ser diagnosticado e tratado, logo, é perfeitamente lógico se mostrar temeroso diante de moléculas capazes de se comportar de maneira idêntica, ainda que com menor intensidade. De qualquer forma, é recomendado não associar complementos de isoflavona a moléculas com ação "antiestrogênica" como o tamoxifeno, medicamento freqüentemente prescrito depois de um câncer de mama. Os fitoestrogênios poderiam diminuir sua eficácia, uma vez que essas diferentes moléculas competem para se fixarem-se nos receptores de estrogênios (ver perguntas de nºs 63 e 96). Pela mesma razão, o tamoxifeno poderia interferir na ação dos fitoestrogênios e torná-los ineficazes para o tratamento das ondas de calor.

Por fim, há mulheres que não sentem necessidade de seguir um TRH, mas que desejam preservar seu futuro (e sua reserva óssea) e podem então se interessar pelos fitoestrogênios. Estes últimos poderão ser, no futuro, uma solução para a prevenção das complicações da menopausa a longo prazo.

Entretanto, os conhecimentos atuais são insuficientes para termos certeza a respeito disso. Por outro lado, não devemos comparar os efeitos das isoflavonas tomadas isoladamente aos de uma alimentação rica em soja.

Na verdade, essa planta contém também outros elementos, como proteínas, ácidos graxos e fibras, que a tornam inegavelmente eficaz para a saúde em geral. Porém, nem a suposta eficácia, nem os efeitos colaterais dos fitoestrogênios foram até agora determinados (ver pergunta de nº 64). Portanto, mulheres que receberam um diagnóstico (por densitometria óssea) de baixa densidade mineral óssea (ver perguntas de n.os 24, 25 e 26) verão seus médicos indicarem um tratamento que já provou sua eficiência na prevenção da osteoporose (ver pergunta de nº 98).

Os fitoestrogênios, atualmente, não fazem parte das substâncias recomendadas com essa indicação.

71 Qual deve ser o acompanhamento médico de uma mulher que usa isoflavonas?

Uma mulher que toma isoflavonas deve ser acompanhada, do ponto de vista ginecológico, como qualquer outra mulher que já passou pela menopausa. As doenças do aparelho genital e das mamas são freqüentes dentro do conjunto de afecções que podem atingir a mulher (ver capítulo 3). Despistá-las não deve ser algo exclusivo das mulheres que seguem um tratamento de reposição hormonal e vão regularmente ao médico.

Mulheres que tomam isoflavonas não devem negligenciar as consultas, mesmo se não houver sinal de alerta. As isoflavonas tomadas sob forma de complementos nutricionais não têm, *a priori*, nenhuma ação sobre o útero depois da menopausa. Mas não há provas formais dessa afirmação. Deve-se, portanto, evitar tomar esses complementos em doses altas ou por tempo prolongado sem acompanhamento médico.

A ocorrência de sangramentos genitais numa mulher usando isoflavonas deve sempre ser considerada como anormal. Ela necessitará de exames criteriosos do útero (esfregaço, biópsia do endométrio e ultra-sonografia, num primeiro momento – ver pergunta de nº 30).

Também são pouco conhecidos os efeitos que acarreta sobre a glândula mamária o uso de fitoestrogênios que tenha sido iniciado após a menopausa. Um acompanhamento periódico que associe exames clínicos e mamografia será indispensável.

Por fim, não havendo provas da ação dos fitoestrogênios sobre a densidade óssea, é útil vigiá-la com a densitometria óssea (ver pergunta de nº 26).

72 Deve-se associar fitoprogesteronas aos fitoestrogênios?

O TRH clássico associa progesterona (ou um hormônios sintético com as mesmas propriedades chamado progestágeno) aos estrogênios. Apenas estes últimos são realmente úteis para tratar os males da menopausa; o acréscimo de progesterona tem por objetivo evitar que uma excessiva estimulação do útero pelos estrogênios redunde num câncer de endométrio (ver pergunta de nº 36). Especula-se, tanto na França quanto no Brasil, que os progestágenos podem ter efeito benéfico sobre as mamas.

Cabe então perguntar se é recomendável associar aos fitoestrogênios uma substância com ações similares à progesterona – e que se poderia chamar de fitoprogesterona se ela fosse oriunda de plantas.

Isso é polêmico. Para alguns, as isoflavonas não têm efeito sobre o útero (ver pergunta de nº 71), o que torna a associação com uma ação progestativa inútil. Outros pensam que o acréscimo de tal substância ao uso de isoflavonas é provavelmente interessante.

O período em que uma fitoprogesterona seria particularmente útil corresponde ao início do climatério. De fato, nesse momento, é a insuficiência de progesterona que causa certos desconfortos, como dores nos seios, menstruações abundantes ou sensação de nervosismo antes das menstruações.

Mas existem fitoprogesteronas? A diosgenina, oriunda de plantas da família das dioscoreáceas (ver quadro) é, às vezes, apresentada como uma substância com efeitos similares aos da progesterona. No entanto, nenhum estudo confirmou essas afirmações. Foi demonstrado que, no organismo, essa molécula não se transforma em progesterona, nem em DHEA, mesmo que seja verdade que a indústria farmacêutica fabrique esses dois hormônios – e ainda outros, como os corticóides – a partir de diosgenina.

Nosso corpo não pode efetuar essas transformações. Por isso nada pode ser afirmado sobre as eventuais propriedades dessa molécula.

As dioscoreáceas

A família das dioscoreáceas conta com diversas espécies, algumas das quais são tóxicas. Atualmente, sabe-se pouco sobre essas plantas. Algumas delas, como o *yam* mexicano ou inhame selvagem[3] (*Dioscorea villosa*), podem fornecer diosgenina. O inhame selvagem, que teria propriedades antiespasmódicas e antiinflamatórias, é tradicionalmente utilizado na América Central para tratar dores menstruais e ovarianas e aliviar as contrações de parto. Essa planta também é utilizada por certos ginecologistas fitoterapeutas em todas as situações em que haja suspeita de insuficiência de progesterona, embora sua eficácia ainda não tenha sido comprovada.

3. **Nota da tradutora**: A divulgação de notícias sobre fitohormônios fez o inhame ganhar fama de planta com extraordinários efeitos contra os transtornos da menopausa, sendo fonte de fitoprogesterona. Mas é preciso esclarecer que aquilo que em outros países é conhecido como *yam* (no inglês), *igname* (em francês) ou *ñame* (em espanhol) é uma planta da família das dioscoreáceas (*Dioscorea mexicana, Dioscorea niponnica*), da mesma família do brasileiro cará, enquanto os brasileiros chamam de inhame, cujo nome científico é *Colocasia esculenta*, uma planta da família das aráceas.

CAPÍTULO 6

Os tratamentos homeopáticos da menopausa

Os princípios da homeopatia

73 Sobre quais princípios baseia-se a medicina homeopática?

A medicina homeopática nasceu há dois séculos, de um raciocínio científico. Seu fundador, Samuel Hahnemann, um médico alemão, levantou a hipótese de que uma substância que provoca certos sintomas numa pessoa sadia pode curar esses mesmos sintomas numa pessoa doente. É o que se chama Lei dos Semelhantes.

Para demonstrar essa hipótese, Hahnemann fez experiências com indivíduos saudáveis. Ele pôde, assim, estabelecer os efeitos de numerosas substâncias tóxicas, primeira etapa antes de poder estudálas para tratamentos.

Para escolher um remédio homeopático, é preciso comparar os efeitos conhecidos da substância com os sintomas apresentados pela pessoa que sofre. Se há uma semelhança entre os dois, a substância poderá ser dada em tratamento, mas somente em dose infinitesimal. Este é o segundo princípio da homeopatia, indissociável do princípio dos semelhantes: a necessidade de dar doses infinitesimais, quer dizer, muito diluídas (ver pergunta de nº 74).

Conhecem-se, por exemplo, os efeitos da intoxicação pelo acônito, uma planta venenosa. O rosto torna-se intensamente vermelho, a freqüência do coração acelera-se. Uma profunda sensação de angústia invade a pessoa. O remédio homeopático fabricado a partir dessa planta poderá, portanto, ser utilizado para tratar ondas de calor com rubor da face, sensação de angústia e aceleração dos batimentos cardíacos.

O medicamento homeopático só será eficaz se for realmente adequado. Por isso, todos os detalhes negligenciados pela medicina clássica são aqui de grande importância.

Um detalhe que pareça bizarro ou insignificante (vontade de chorar quando se escuta música, por exemplo), em homeopatia é precioso para indicar o remédio correto: não hesite em mencioná-lo a seu médico homeopata.

A medicina homeopática (ou medicina dos semelhantes) oferece a cada mulher um tratamento individualizado, diferentemente da medicina clássica alopática (ou medicina dos contrários, porque se baseia na utilização de tratamentos cujo efeito é contrário ao da doença), que, diante de uma dada afecção, propõe o mesmo tratamento a todas as mulheres.

Para tratar um problema ligado à queda das taxas hormonais, o médico alopata prescreverá hormônios de substituição. Mesmo que as doses e os produtos possam variar, a terapêutica não depende da pessoa tratada. Já o médico homeopata observará sua maneira própria de reagir diante dessa "agressão" ao corpo, que é causada pelo desaparecimento dos hormônios sexuais.

Existem na homeopatia não um tratamento da menopausa, mas vários tratamentos para as diversas reações originadas por uma mesma causa (ver pergunta de nº 76).

A homeopatia é uma terapêutica à parte. O que pensar a respeito diante da prática médica fundamentada sobre o conceito anglo-saxão de *evidence-based medicine* (medicina baseada em evidências)?

Depois das experiências de Hahnemann, outros médicos prosseguiram os estudos, acumulando mais experiências e observações. Recentemente, foram realizados estudos duplo-cego, que consistem comparar um grupo tratado com homeopatia a um grupo ao qual se prescreveu uma substância sem efeito, um placebo.

Tais estudos permitiram demonstrar a eficácia de alguns tratamentos. No entanto, eles são difíceis de serem realizadas: os remédios homeopáticos tratam um conjunto de sintomas com características precisas, deflagrados em certas circunstâncias, num indivíduo em particular e num ambiente emocional pessoal. É necessário grande rigor na adequação do remédio à pessoa, e os remédios raramente são "padronizados".

Se forem mal escolhidos, serão obrigatoriamente ineficazes. Por essa razão é difícil provar sua eficácia.

74 De onde vêm os medicamentos homeopáticos? Como são fabricados? Como tomá-los?

Os medicamentos homeopáticos provêm tanto de minerais quanto de vegetais ou animais (dos três reinos da natureza). O reino mineral fornece, por exemplo, *Sulfur* (enxofre), *Calcarea carbonica* (a partir da concha de ostra) ou, ainda, *Graphites* (carvão mineral contendo traços de ferro, alumínio e sílica).

O reino vegetal oferece plantas, como a *Sanguinaria canadensis* ou *Belladonna* ou certas partes de plantas, como a *Ignatia amara* (a fava de Santo Inácio), que é o grão de um arbusto.

Enfim, utiliza-se do reino animal produtos elaborados por animais, como *Lachesis* (veneno de serpente), *Sepia* (líquido de defesa produzido pela lula) ou extratos dos próprios animais (*Apis mellifica* provém da abelha inteira).

Com produtos de origem animal ou vegetal, a preparação do medicamento homeopático começa pela elaboração da tintura-mãe, líquido obtido pela maceração das matérias-primas em álcool. A tintura-mãe é em seguida empregada como base, a partir da qual vão ser efetuadas as diluições.

Para os minerais, é preciso obter uma substância solúvel que tenha poder de efetuar as diluições. Essas são expressas em CH ou "centesimais hahnemannianas" (do nome de Hahnemann, ver pergunta de nº 73). A primeira diluição (1CH) corresponde então à diluição de 1/100 (uma gota da substância base para 99 gotas do solvente. Uma gota de 1CH para 99 gotas do solvente dá 2CH e assim por diante). Fala-se de uma baixa diluição quando se trata de 5CH ou 6CH, e alta quando acima de 30CH.

DINAMIZAÇÃO HOMEOPÁTICA

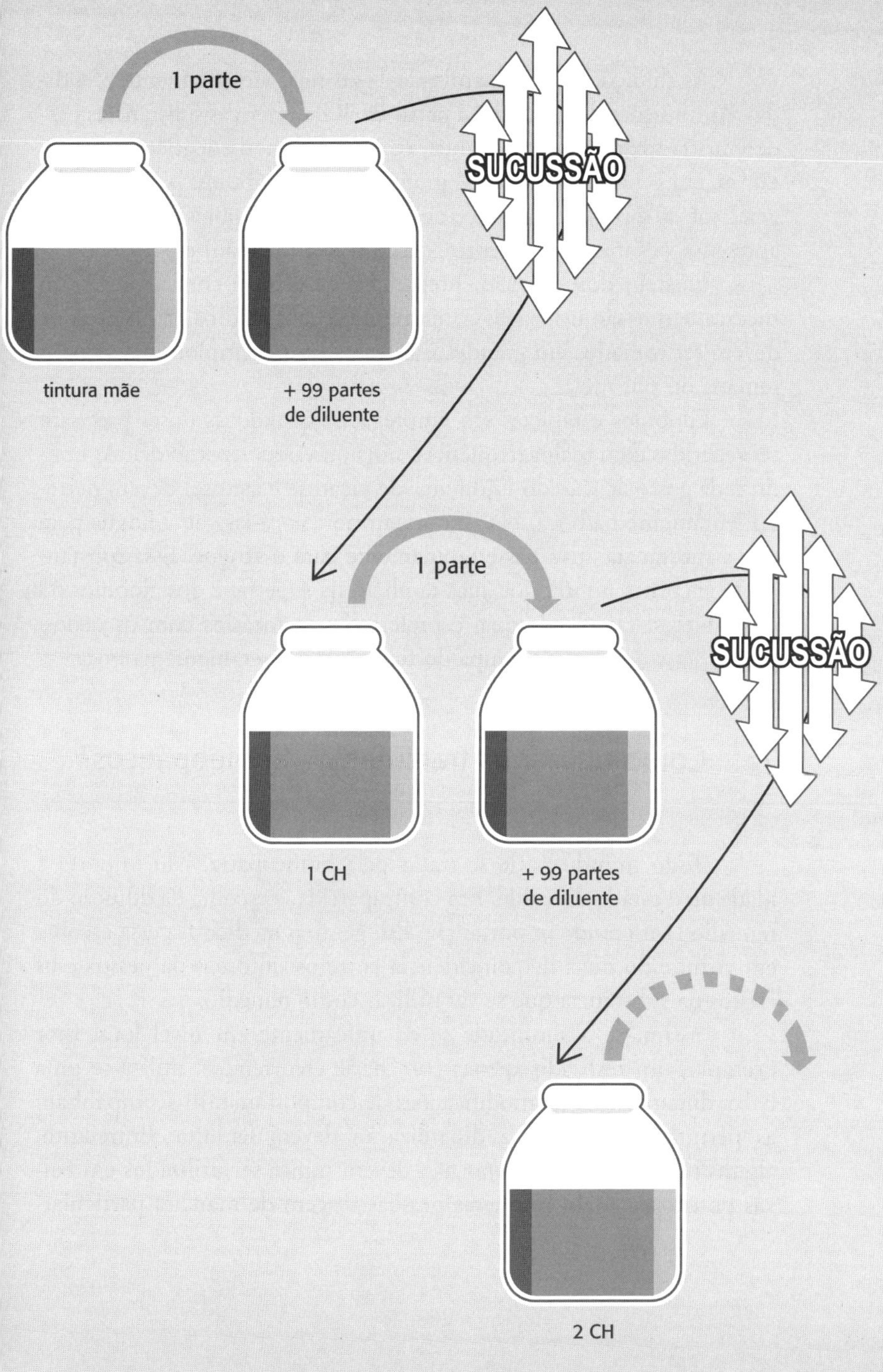

As diluições são "dinamizadas", ou seja, violentamente sacudidas. As diluições dinamizadas a partir de 3CH fazem as substâncias perderem sua toxicidade. Na França, os remédios homeopáticos apresentam-se em geral sob a forma de grânulos ou de glóbulos. No Brasil, em geral sob a forma de tabletes, de glóbulos ou de gotas. Há também apresentações menos freqüentes, como pós (trituração) e pomadas.

Existem doses únicas, preparadas de acordo com a prescrição médica, e que são utilizadas comumente para remédios de fundo, que devem ser tomados em grandes intervalos (por exemplo, uma vez por semana ou por mês).

Glóbulos e tabletes são empregados quando as doses precisam ser repetidas com maior freqüência, uma ou várias vezes ao dia. As bolinhas de gosto açucarado (são feitas de sacarose e lactose) devem derreter lentamente na boca. Não é obrigatório colocá-las sob a língua para que a substância ativa passe rapidamente para o sangue. Essa substância se encontra no interior, mas também na superfície dos glóbulos ou dos tabletes, razão pela qual é preferível não tocá-los com os dedos: devem ser colocados na tampa do frasco e daí diretamente na boca.

75 Como utilizar os tratamentos homeopáticos?

Todo mundo pode se tratar pela homeopatia, não importa a idade ou o estado de saúde. Em contrapartida, a escolha da diluição do remédio tem grande importância. Em geral, o médico faz essa escolha em virtude do nível de coincidência entre os sintomas da pessoa e os efeitos da substância que se vai utilizar como remédio.

Assim, se a similitude se dá unicamente em nível local (por exemplo, um resfriado apenas com nariz escorrendo), utiliza-se uma baixa dinamização. Se modificações de comportamento acompanham as perturbações físicas, a dinamização deverá ser alta. Entretanto, alguns remédios como *Sulfur* não devem nunca ser utilizados em baixas potências. Aliás, inúmeras pessoas reagem de maneira particularmente intensa quando se administram certas substâncias. Em geral, para cada pessoa existe um remédio para o qual ela é particularmente sensível. Fala-se, então, de "tipo sensível". A experiência permitiu definir certos traços morfológicos e psicológicos que são comuns a cada "tipo sensível". Por exemplo, indivíduos de "tipo sensível" *Calcarea carbonica* (ou, como se diz mais comumente, "os indivíduos *Calcarea carbonica*") são freqüentemente troncudos, com tendência à obesidade. Eles em geral são metódicos e tomam decisões lentamente; também têm tendência a serem cansados e ansiosos.

Segundo seu tipo sensível, uma pessoa será mais vulnerável a uma ou outra doença. Assim, "mulheres *Calcarea carbonica*" parecem mais predispostas do que outras a miomas uterinos ou a cálculos na vesícula biliar ou nos rins. Elas em geral aceitam muito bem a menopausa. O uso do remédio *Calcarea carbonica* nessas pessoas deve ser feito em altas dinamizações (acima de 30CH).

Todo mundo pode empregar a homeopatia e embora possam ser definidos grandes perfis gerais, um tratamento homeopático deve sempre ser adaptado a cada um, individualmente, e seguido sob controle do médico homeopata.

Os tratamentos do climatério e da menopausa

76 Como a homeopatia pode ajudar-me na menopausa?

O fim progressivo, depois definitivo, do funcionamento dos ovários não é em si uma doença. É, entretanto, a causa de problemas para um grande número de mulheres. A noção de "causa" é importante em medicina homeopática, já que se trata de um dos elementos que permitem selecionar o remédio adequado.

O fato de os sintomas se deflagrarem nesse período específico em torno da menopausa leva a selecionar certos remédios.

Os problemas vão manifestar-se a longo prazo e não de forma aguda e transitória. Eles dependem do "terreno", ou seja, das características próprias de cada mulher, que são, em parte, genéticas e, em parte, adquiridas ao longo do tempo. Quando ocorre a menopausa, o equilíbrio é rompido no plano físico, mas também, muito freqüentemente, no plano psicológico.

O objetivo da homeopatia é restabelecer o equilíbrio desses dois planos. Considerando a duração das manifestações, um tratamento "de fundo" (de longo prazo) será o mais apropriado no momento da menopausa. Ele deve ser iniciado o mais cedo possível, desde as primeiras manifestações do climatério.

Alguns remédios escolhidos de acordo com os sintomas podem vir a reforçar ou completar esse tratamento principal. Os remédios complementares são numerosos e apenas alguns serão mencionados neste livro.

77 Na medicina homeopática, como utilizar os hormônios durante o período de climatério?

Os hormônios podem ser utilizados na medicina homeopática depois de diluídos (ver pergunta de nº 74). Em altas dinamizações, eles freiam o excesso. Em baixas dinamizações, eles teriam, ao contrário, um efeito estimulante e suas indicações se aproximariam daquelas da medicina alopática.

Para as mulheres que apresentam sinais indicativos de um excesso de estrogênios, o *Folliculinum* (diluições de estrogênios) é freqüentemente empregado em alta dinamização (acima de 30CH). Esse remédio é particularmente útil no início do climatério em caso de dores nos seios, de irritabilidade pré-menstrual ou, ainda, de menstruações abundantes.

O *Luteinum* em baixa dinamização (5CH), remédio elaborado a partir da progesterona, pode substituí-lo ou associar-se a ele. A carência de progesterona (e, conseqüentemente, o excesso relativo de estrogênios) que caracteriza o início do climatério progressivamente dá lugar a uma carência de estrogênios (ver pergunta de nº 7). Logo que o médico perceba sinais anunciando essa insuficiência de estrogênios, ele poderá prescrever *Folliculinum* associado a *Luteinum* em baixas dinamizações.

O FSH (hormônio hipofisário que comanda os ovários, ver pergunta de nº 2) aumenta suas taxas quando os ovários começam a falhar. O remédio homeopático FSH em 15CH ou 30CH (em tomadas noturnas) permite tratar, em certos casos, as ondas de calor acompanhadas de suores intensos. O remédio só é eficaz a partir do momento em que a taxa sangüínea de FSH elevar-se.

78 Quais são os remédios homeopáticos de fundo mais freqüentemente empregados na menopausa?

A menopausa pode induzir não apenas males físicos, mas também modificações no comportamento. Os remédios mais empregados para um tratamento de fundo, nesse caso, são *Lachesis, Sepia, Graphites* e *Thuya*. O médico escolherá o remédio que mais coincidir com os dois tipos de sinais, físicos e psíquicos. Ele será prescrito em altas dinamizações, em geral, em doses semanais.

LACHESIS

Este remédio vem do veneno de uma serpente da família das víboras. Sinais característicos que orientam a escolha do tratamento:

- *No plano psicológico:*

– Excitação nervosa acompanhada de loquacidade (vontade irreprimível de falar), de sentimentos de desconfiança e ciúme. Esse estado se alterna com momentos de depressão.

– Perturbações do sono: adormecimento demorado e com sensação de opressão, sonhos de morte, despertar noturno com angústia, cansaço matinal. O vigor retorna lentamente ao longo do dia.

■ *No plano físico:*

– Ondas de calor com palpitações e afluxo de sangue no rosto, que fica vermelho e congestionado.

– Sensação de constrição na cintura e no pescoço. Tudo o que aperta é insuportável, necessitando usar roupas amplas.

– Equimoses ("manchas roxas") ao menor contato.

– Enxaquecas, habitualmente do lado esquerdo.

– Hipertensão arterial que não existia antes da menopausa.

■ *Outras particularidades:*

– No climatério, os sintomas sobrevêm quando as menstruações param e melhoram quando as menstruações retornam.

– Todos os problemas são agravados no calor e ao despertar.

SEPIA

As mulheres particularmente sensíveis a esse remédio, elaborado a partir da tinta da lula, são em geral mais para magras e com cabelos castanhos. Têm freqüentemente manchas escuras no rosto e olheiras acentuadas. Suas pálpebras caem quando estão cansadas. As alterações físicas e psicológicas que já existiam antes se acentuam com a chegada da menopausa. Sinais característicos que orientam a escolha do tratamento:

■ *No plano psicológico:*

– Estado depressivo, irritabilidade, sensação de indiferença em relação às pessoas próximas. Esses males se agravam quando é contrariada e consolada; mas se atenuam quando se está só, daí a tendência a se fechar em si mesma.

■ *No plano físico:*

– Ondas de calor que começam no ventre e se propagam para o alto do corpo, com sensação de desmaio. Elas não vêm acompanhadas de rubores, mas, às vezes, de suores.

– Sensação de peso no baixo-ventre e na região lombar, muitas vezes por causa de uma queda dos órgãos (ver pergunta de nº 31). Atenua-se quando a pessoa está sentada, com as pernas cruzadas.

- Desconforto na vulva e na vagina devido ao ressecamento causado pela menopausa (ver pergunta de nº 17).

■ *Outras particularidades:*

- Friorenta, problemas digestivos e circulatórios (varizes ou hemorróidas) habituais.
- Tendência a infecções urinárias de repetição.

GRAPHITES

Este remédio vem do carbono natural, utilizado, por exemplo, no interior dos lápis. É indicado para mulheres friorentas, com tendência à obesidade e à constipação.

Sinais característicos que orientam a escolha do tratamento:

■ *No plano psicológico:*

- Tristeza com indecisão e apatia, acompanhada de uma hipersensibilidade à música, que a faz chorar.

■ *No plano físico:*

- Ondas de calor periódicas com congestão do rosto, o qual costuma ser pálido.
- Queda de cabelo. Cabelos e unhas quebradiços.

■ *Outras particularidades:*

- No climatério, as menstruações são cada vez mais espaçadas e precedidas de dores nos seios e prurido na vulva. O sangue, pálido, é às vezes substituído por muco branco. Fica rouca durante a menstruação.
- Secura na pele. Erupções com líquido amarelado.
- Sinais sugestivos de insuficiência da tireóide (frio, constipação, apatia, obesidade), ainda que as taxas de hormônios secretados por essa glândula estejam normais.

THUYA

As mulheres sensíveis a este medicamento têm tipicamente a bacia larga e pernas finas. Sua pele apresenta excrescências diversas. Tem o rosto cheio. Nota-se freqüentemente que essas mulheres tomaram muitos medicamentos na vida.

Sinais característicos que orientam a escolha do tratamento:

- *No plano psicológico:*

– Numerosas inquietações e idéias obsessivas.

– Impressão de ter alguma coisa mexendo dentro da barriga.

- *No plano físico:*

– Ganho de peso rápido com localização da gordura no abdome, quadris e nádegas.

– Aumento da quantidade de excrescências cutâneas (verrugas, cravos etc.).

– Queda de cabelos. Unhas estriadas e quebradiças.

- *Outras particularidades:*

– No climatério, as menstruações acontecem de maneira anárquica, com dores do ovário direito.

– Transpiração fétida.

Em algumas mulheres, os males que aparecem na menopausa se manifestam apenas no plano físico. Nesse caso, pode-se citar, por exemplo, como remédio de fundo:

SULFUR

As diluições de enxofre são indicadas às mulheres de temperamento ativo e otimista e cujos antecedentes mostram que as diferentes afecções de que sofrem retornam de maneira periódica ou alternadamente.

Sinais característicos que orientam a escolha do medicamento:

- *Problemas físicos que aparecem na menopausa:*

– Ondas de calor com congestão e suores, atenuadas ao ar livre e agravadas em altas temperaturas.

- Dores articulares noturnas nas mãos com sensação de queimação que a obrigam a tirar as mãos da cama e mergulhá-las em água fria.
- Reaparecimento de problemas cutâneos acompanhados de coceiras (eczema, urticária etc.).
- Possível aparecimento de hipertensão arterial.

▪ *Outras particularidades:*
- Todos os sintomas são agravados pelo calor do leito.

Esses remédios são freqüentemente prescritos para tratar os problemas da menopausa. Na prática, é preciso saber que somente um médico homeopata estará em condição de prescrever a cada uma o respectivo tratamento de fundo realmente adaptado a seu caso pessoal.

79 Quais remédios homeopáticos complementares tratam as ondas de calor?

Em geral, o tratamento de fundo basta como cuidado homeopático contra as ondas de calor. Vimos anteriormente quais são as particularidades relacionadas a *Lachesis, Sepia, Graphites, Thuya* e *Sulfur* (ver pergunta de nº 78). Entretanto, remédios específicos também podem ser utilizados sozinhos ou, na maioria das vezes, associados ao tratamento de fundo. No quadro a seguir estão relacionados alguns dos diversos medicamentos, assim como os sinais que orientam o médico em sua escolha.

Esses remédios são administrados sob forma de glóbulos, tabletes ou gotas, duas a quatro vezes por dia ou a cada nova onda de calor. É recomendado espaçar a administração logo que se nota uma melhora. Em contrapartida, se não há melhora deve-se consultar o médico.

Exemplos de medicamentos empregados para tratar as ondas de calor

Características das ondas de calor	*Remédio homeopático*
Ondas de aparecimento brusco com violento afluxo de sangue à cabeça e suores. Batimentos sangüíneos sentidos em todo o corpo e visíveis nas artérias do pescoço	*Glonoinum* 7CH
Rubor circunscrito às bochechas, que parecem queimar. Orelhas também vermelhas e quentes. Sensação de queimação nas plantas dos pés e palmas das mãos.	*Sanguinaria canadensis* 9 ou 15CH
Sudorese abundante, face vermelha, calor intenso.	*Belladonna* 7CH
Ondas de calor sem suor, acompanhadas de sensação de angústia. Agravamento à meia-noite.	*Aconitum* 9CH
Transpiração particularmente abundante, suores quentes que a forçam a mudar de roupa	*Pilocarpus jaborandii* 5CH
Suores abundantes, sensação de desmaio. Impressão de que o coração bate mais lentamente. Batimentos das artérias do pescoço.	Veratrum viride 7 ou 9CH

80 Que remédios homeopáticos pode-se utilizar para tratar problemas ginecológicos e urinários na menopausa?

Deve-se destacar aqui que não há inconveniente em associar alopatia à homeopatia para cuidar dos problemas ginecológicos ou urinários. Aliás, mesmo quando se prefere um remédio homeopático, é desejável aplicar também, localmente, um tratamento à base de estrogênios (ver pergunta de nº 40), que permitirá melhorar bem os problemas urinários.

Além do mais, os estrogênios apresentam a grande vantagem de prevenir os fenômenos de atrofia do aparelho genital. Ora, as queimações vulvares secundárias a essa atrofia, que ocorrem depois dos 70 anos, não serão facilmente aliviadas nesse momento se nenhum tratamento for empregado.

Sanguinaria canadensis 9CH, que trata ao mesmo tempo as ondas de calor (ver quadro da pergunta de nº 79), ou *Alumina* 5CH podem diminuir a sensação de secura vaginal, assim como *Sepia* usada como remédio de fundo.

Infecções urinárias de repetição são encontradas freqüentemente em mulheres de tipo sensível *Sepia* (ver perguntas de nºs 75 e 78), que poderão beneficiar-se desse longo tratamento. Uma dose de *Colibacillinum* 15CH uma vez por semana pode ser recomendada se as infecções forem devidas à *Escherichia coli*, para espaçar ou suprimir as crises. As crises agudas necessitam de um tratamento específico e, conseqüentemente, devem levar à consulta o mais rápido possível.

As cistites não-infecciosas provocadas por relações sexuais serão tratadas por *Staphysagria* 9CH. As incontinências urinárias, quaisquer que sejam suas causas, podem melhorar com um tratamento por *Causticum* 7, 9 ou 15CH, conforme o caso.

81 Que outros remédios homeopáticos podem ser necessários no climatério ou após a menopausa?

Tomar *Ignatia amara* pode ser eficaz para aquelas mulheres cujos sintomas apareceram quando suas regras cessaram bruscamente, após um choque psicológico ou, às vezes, por causa de uma simples contrariedade. Entre esse sintomas, as enxaquecas são características: dão a sensação de um prego entrando na têmpora. Esse medicamento melhorará também a tendência depressiva e os sinais de humor instável (passagem fácil do choro ao riso e vice-versa) das mulheres que apresentam essas alterações.

Sanguinaria canadensis é um remédio útil para tratar as ondas de calor, mas também as dores de cabeça que retornam periodicamente (por exemplo, a cada sete dias). As mulheres atingidas sentem dores localizadas principalmente sobre o olho direito, que lateja. Muitas vezes, são ansiosas e irritáveis.

Elas podem também apresentar sintomas psicológicos comuns a *Lachesis* (ver pergunta de nº 78), o qual freqüentemente é associado a *Sanguinaria canadensis.*

Actea racemosa (ou *Cimicifuga*) é um remédio oriundo da actéia em cacho, planta da família das ranunculáceas, que contém uma substância com efeitos similares aos do estrogênio. Em medicina homeopática, ela serve em diferentes períodos a vida feminina.

Dinamizações que vão de 7CH a 15CH são utilizadas para facilitar o parto ou para tratar várias alterações dos ciclos menstruais. Esse remédio muitas vezes é prescrito no período de alterações de ciclo, que precede a menopausa. Ele é indicado quando as menstruações são muito irregulares, dolorosas e acompanhadas de grande cansaço e dor atrás da cabeça. É usado também para tratar dores musculares na nuca e alto das costas. A utilização de sua tintura-mãe (ver pergunta de nº 74) escapa do campo de ação homeopática.

Nesse caso são empregadas diretamente as propriedades estrogênicas da planta para tratar as ondas de calor. Essa planta contém também uma substância que faz baixar a pressão arterial, além de diversos componentes capazes de provocar dores musculares. É preciso, portanto, limitar sua utilização a um período curto. Em doses altas, ela é tóxica para o sistema nervoso.

Phosphoricum acidum 9CH ou *Selenium* 9CH são prescritos em casos de grande fadiga, com queda de cabelos. Este último sintoma, como já se viu, pode se beneficiar de *Graphites* ou *Thuya* como remédio de fundo (ver pergunta de nº 78).

Kalium carbonicum melhora as dores dorsais que aparecem depois da menopausa, quando decorrem do aumento do volume do ventre, que resulta em modificações na curvatura da coluna vertebral. De acordo com a sensibilidade da pessoa ao medicamento, é possível dar 7CH, 9CH ou 15CH (ver pergunta de nº 75).

82 Pode-se prevenir a osteoporose com um tratamento homeopático?

Os médicos homeopatas consideram que certas pessoas têm maior predisposição ao aparecimento da osteoporose do que outras. É conveniente, portanto, se consultar para verificar se é o seu caso. Os três medicamentos homeopáticos à base de calcário (*Calcarea carbonica, Calcarea fluorica e Calcarea phosphorica*), assim como os remédios *Silicea* e *Natrum muriaticum*, são às vezes prescritos para a prevenção da osteoporose, seguindo as particularidades (diluição, periodicidade etc.) que só podem ser determinadas por um médico homeopata conforme as características próprias de cada mulher.

Entretanto, a eficácia desses tratamentos contra a osteoporose ainda não foi estudada. Portanto, continua importante vigiar, pela densitometria óssea (ver pergunta de nº 26), o eventual aparecimento de uma perda rápida de tecido ósseo, o que faz com que seja preferível recorrer ao tratamento alopático de eficácia já comprovada.

CAPÍTULO 7

Como se alimentar bem na menopausa?

83 Quais são os princípios básicos de uma boa nutrição na menopausa?

Alimentar-se consiste em trazer para o corpo a energia de que ele necessita. É também nossa primeira medicina. Quando a menopausa estiver próxima e nos anos que se seguirem a ela, adotar uma boa alimentação é ainda mais importante, já que será difícil preservar a reserva de saúde. A silhueta irá modificar-se e não será fácil manter a linha...

Os princípios nutricionais básicos são válidos para todas as idades e também para a fase da menopausa. A maior parte das pessoas conhece os princípios que fornecem ao organismo glicídios, lipídeos e proteínas (e uma boa hidratação), mas nem sempre conhecem, muito menos respeitam, as quantidades corretas dos diferentes elementos nutritivos.

Os glicídios são o principal combustível do corpo. Cabe a eles fornecer mais da metade da energia que nos é necessária. Os feculentos e os cereais (batatas, arroz, massas, pão, grãos) são, portanto, a base da alimentação. Eles devem ser complementados por um amplo consumo de frutas e legumes frescos e, eventualmente, por prazer, alguns doces.

Os lipídeos deveriam constituir apenas cerca de 30% dos aportes de energia, mas em geral o consumo é bem maior. Ainda que seja importante considerar a quantidade de gorduras fornecidas ao organismo para manter constante o seu peso, é a qualidade que condiciona a saúde, mais particularmente a dos vasos sangüíneos (ver pergunta de nº 84). Enfim, as proteínas, conjuntos de elementos chamados aminoácidos, são as construtoras dos tecidos. Devem representar de 10 a 12% do que comemos por dia. Assim como os ácidos graxos, certos aminoácidos, chamados "essenciais", têm obrigatoriamente que ser fornecidos ao corpo pelos alimentos.

Esses aminoácidos, que são oito, devem ser consumidos ao mesmo tempo, numa mesma refeição. É possível com a carne e o peixe. Os vegetais, ao contrário, só podem substituir os produtos animais quando associados uns aos outros. É necessário conhecer bem a composição de aminoácidos de cada vegetal para evitar carências. Freqüentemente, a menopausa é um momento em que se torna necessário adaptar a riqueza calórica das refeições às modificações corporais e aos hábitos de vida de cada mulher. Isso depende, especialmente, das atividades físicas que você praticar (ver pergunta de nº 20).

Fazer ou não um tratamento de reposição hormonal (TRH) também deveria influenciar a alimentação. Aquelas que não o fazem devem prestar ainda mais atenção para que os aportes de cálcio e de vitamina D sejam suficientes, a fim de limitar a perda de tecido ósseo (ver perguntas de nºs 24, 44 e 88).Provavelmente, elas também obterão benefícios se acrescentarem soja à sua alimentação (ver pergunta de nº 90 e capítulo 5).

Mas é óbvio que será inútil se culpar sempre que algumas dessas regras forem esquecidas: alimentar-se deve continuar sendo um prazer.

84 Como escolher bem as gorduras da alimentação a fim de manter o peso e preservar os vasos sangüíneos?

O consumo de gorduras – tanto na França quanto no Brasil e em vários outros países ocidentais – é geralmente excessivo e, em geral ultrapassa, os 30% recomendados (ver pergunta de nº 83). Todos sabem que a manteiga e o óleo contêm muita gordura – respectivamente, mais de 80% e 100%. Mas é difícil notar as gorduras menos evidentes, como as que estão presentes nas carnes, nos embutidos, nos queijos ou nos doces. Comparando a mesma quantidade, em peso, de cada um, veremos que os lipídeos contêm duas vezes mais calorias do que os glicídios ou as proteínas: nove calorias por grama contra quatro calorias de cada um destes dois últimos nutrientes.

Portanto, para manter o peso, é preciso evitar o excesso de consumo de gorduras (lipídeos). Mesmo assim, elas são indispensáveis ao bom funcionamento do organismo (ver quadro a seguir).

Existem diferentes categorias de lipídeos. O excesso de um tipo deles, os ácidos graxos saturados, é nocivo: ele faz aumentar o "mau" colesterol no sangue (ver pergunta de nº 27) e seu depósito nas artérias. Então, é preciso equilibrar a própria alimentação para privilegiar os "bons" lipídeos, ou seja, aqueles que protegem contra as doenças cardiovasculares, que são os ácidos graxos monoinsaturados e poliinsaturados. Estes, sozinhos, deveriam representar três quartos do consumo de gorduras, respectivamente, 50% e 25%.

Os óleos vegetais contêm esses "bons" lipídeos. Utilize-os alternando as diferentes variedades de óleos para fornecer regularmente a seu organismo o conjunto de ácidos graxos que lhe são essenciais, o que ainda traz a vantagem de variar os sabores de seus pratos. O consumo de ácidos graxos poliinsaturados da família do ômega 6 (ver quadro a seguir) deve teoricamente ser de quatro a oito vezes superior ao dos ômega 3. Os ômega 3 são, em geral, consumidos em quantidade insuficiente. Pode-se restabelecer o equilíbrio comendo peixe. Também não esqueça do óleo de canola, rico em ácidos graxos da família dos ômega 3. Mas empregue-o apenas frio, mais para temperar pratos já prontos: em altas temperaturas, o ácido alfa-linolênico que ele contém será desnaturado.

As diferentes categorias de lipídeos

Conforme a estrutura química, eles se distinguem:

- Os ácidos graxos saturados: encontram-se sobretudo nas gorduras de origem animal, assim como no azeite-de-dendê e na gordura de coco.
- Os ácidos graxos monoinsaturados: estão presentes em todos os óleos vegetais. O azeite de oliva, o óleo de canola e o óleo de amendoim são muito ricos em ácidos graxos monoinsaturados.
- Os ácidos graxos poliinsaturados: este grupo engloba dois ácidos graxos a serem fornecidos pela alimentação, já que o corpo não pode sintetizá-los. São chamados "essenciais". Trata-se do ácido linolênico e do ácido alfa-linolênico. Outros ácidos graxos poliinsaturados derivam desses dois ácidos graxos essenciais, formando duas "famílias". O ácido linolênico é "o cabeça" da família dos ômega 6, enquanto o ácido alfa-linolênico ocupa a mesma posição na família dos ômega 3.

Os ácidos graxos essenciais

Os ácidos graxos das duas famílias, ômega 6 e ômega 3, têm efeitos benéficos sobre o coração e os vasos sangüíneos, porque agem sobre os lipídeos do sangue e sobre a coagulação sangüínea.

Além disso, o ácido linolênico mantém a pele em bom estado e é indispensável para o funcionamento das defesas imunológicas. Está presente em todos os óleos vegetais, mas principalmente nos de girassol, semente de uva, noz, milho e soja.

O ácido alfa-linolênico preserva as células nervosas e garante uma boa visão. Está presente nos óleos de canola, de soja, de noz e, em baixa quantidade, no azeite de oliva. Nos peixes gordos (salmão, cavala, sardinha, atum, arenque) se encontra o EPA (ácido eicosapentaenóico), que pertence à mesma série de ácidos graxos, a dos ômega 3. O EPA tem ação particular no processo de coagulação sangüínea. Esta propriedade explicaria a baixa freqüência de doenças coronarianas (das artérias do coração) entre os esquimós, grandes consumidores de peixe.

85 Qual é a importância das fibras na alimentação?

As fibras alimentares são substâncias fornecidas pelo consumo de vegetais: trata-se de resíduos que não são degradados durante a digestão. Legumes, frutas e cereais, todos eles contêm um pouco de fibras. Quando presentes no aparelho digestivo, as fibras oferecem várias vantagens ao organismo: retardam a saída dos alimentos do estômago e sua absorção pelos intestinos, por isso, mantêm a sensação de saciedade. Em conseqüência disso, come-se menos! Elas regulam o trânsito intestinal, aumentam a quantidade de água presente no tubo digestivo e, assim, agem contra a constipação intestinal.

Um consumo elevado, cerca de 30 g por dia, é recomendado às pessoas que sofrem de diabetes ou de excesso de colesterol já que ele permite limitar o aumento da taxa de açúcar no sangue (que ocorre normalmente após uma refeição) e abaixar as taxas de colesterol. O consumo de fibras contribui também para a prevenção de doenças cardiovasculares.

A presença de fibras no intestino tem, no entanto, um inconveniente: favorece a produção de gases e o aparecimento de flatulência. Toda mudança na sua alimentação que se acompanhe de um aumento da quantidade de fibras ingeridas deve ser feita progressivamente, para evitar o desconforto que esses efeitos secundários provocam.

86 O que são radicais livres? Como combatê-los?

Os radicais livres são moléculas que resultam da atividade das células, como conseqüência de reações químicas com o oxigênio presente no corpo (reações de oxidação). Essas moléculas não são estáveis. De fato, elas possuem um elétron "solteiro" que as faz interagir com o que há em torno delas. Em baixa quantidade, os radicais livres são úteis ao organismo. Eles tomam parte, por exemplo, da destruição das bactérias. E só se tornam tóxicos quando em quantidade excessiva. Aí, os prejuízos que provocam são significativos.

Inúmeras doenças podem resultar dos radicais livres, como catarata (opacificação do cristalino do olho) e doenças malignas. Em geral, o excesso de radicais livres acelera o envelhecimento do organismo.

Em que circunstâncias o corpo pode ser "saturado" por essas moléculas? Quando os radicais livres chegam em massa, ou quando as defesas do corpo contra eles são insuficientes. Tem-se, então, o "estresse oxidativo" ou "estresse oxidante". Cigarro, intensa exposição ao sol e poluição ambiental aumentam consideravelmente o número de radicais livres presentes no corpo.

O organismo tem diferentes meios de se defender contra eles: com os antioxidantes. Entre eles, estão certas enzimas, as quais, para serem ativadas, exigem a presença de oligoelementos, como o selênio, cobre, zinco ou o manganês. Também contam entre os oligoelementos certas vitaminas, C e E, assim como o betacaroteno, que se transforma em vitamina A no organismo, e outras substâncias como os polifenóis presentes no chá e no vinho.

A alimentação nem sempre contém a quantidade de zinco, cobre e selênio necessária à atividade das enzimas antioxidantes. Entretanto, é preciso ter cuidado para não consumi-los em quantidades elevadas na forma de suplementos alimentares. Em doses muito altas, esses oligoelementos invertem seus efeitos: tornam-se pró-oxidantes, ou seja, em vez de combater os radicais livres, eles favorecem sua produção.

Os alimentos mais ricos em vitaminas antioxidantes

Betacaroteno (precursor da vitamina A)	cenouras salsa, espinafre damascos secos, agrião, brócolis, melão
Vitamina C	salsa, pimentão, kiwi, limão, couve-flor morangos, brócolis, funcho, laranja tangerina, repolho, melão
Vitamina E	gérmen de trigo, óleos vegetais folhas verdes (saladas, repolho, espinafre)

Os alimentos mais ricos em oligoelementos necessários para combater os radicais livres

Zinco	peixes, carnes, cereais integrais
Cobre	fígado, crustáceos, ostras, nozes, chocolate
Selênio	peixes, ovos, carnes, cereais

Os alimentos estão aqui classificados segundo a quantidade que possuem do elemento em questão (dos mais aos menos ricos)

87 Quais são as vitaminas mais necessárias depois da menopausa?

Para proteger o corpo contra os radicais livres

É indispensável o consumo de vitaminas antioxidantes (C, E e betacarotenos). Frutas e legumes os fornecem em boa quantidade (ver pergunta de nº 86). Consumir esses alimentos em abundância irá reduzir sensivelmente os riscos de tumores malignos e de doenças cardiovasculares.

Para prevenir as doenças cardiovasculares

É preciso também um aporte suficiente de vitaminas B6, B9 (ou ácido fólico) e B12 (ver tabela a seguir). A carência dessas vitaminas induz a elevação de uma substância nociva para o sistema vascular, chamada homocisteína. Esta aumenta depois da menopausa por causa da falta de estrogênios. Então, nesse momento da vida, é ainda mais importante um aporte correto de vitaminas B6, B9 e B12, para que não se acumulem as causas do aumento da homocisteína.

Para preservar o tecido ósseo

A vitamina D é indispensável (ver pergunta de nº 88). Assim como para os oligoelementos (ver pergunta de nº 86), um suplemento de vitaminas só é indicado em casos particulares. Na verdade, para alguns deles, o excesso se revela tão nocivo quanto a falta. Variar sua alimentação permite fornecer os diferentes elementos de que o organismo precisa. Essa diversificação é necessária para todas as categorias de alimentos.

Os alimentos mais ricos em vitaminas B6, B9 e B12

Vitamina B6	levedo de cerveja, gérmen de trigo, cereais fígado, presunto, frango
Vitamina B9 (ácido fólico)	levedo de cerveja, gérmen de trigo, fígado, aspargos, espinafres, castanhas, nozes, grão-de-bico, lentilha, salada verde, repolho, vagem, queijos fermentados
Vitamina B12	carne, peixe, crustáceos, laticínios

88 Como a alimentação pode ajudar a preservar os ossos?

A preservação do tecido ósseo exige o consumo suficiente de cálcio e de vitamina D.

O cálcio é essencial em todas as idades da vida. Na infância e na adolescência, ele contribui para a construção de uma boa reserva óssea, que, em seguida, deverá ser preservada. Após a menopausa, é importante que ele possa ser fornecido pela alimentação em quantidade suficiente e regular. De fato, foi demonstrado que o cálcio pode frear a fragilização dos ossos ligada à idade. No entanto, por si só, ele não pode compensar a perda acelerada que ocorre nos primeiros anos seguintes à menopausa (ver pergunta de nº 24).

Por outro lado, o cálcio tem um efeito benéfico sobre o sistema cardiovascular porque faz baixar a pressão arterial. Muitas mulheres apresentam consumo diário de cálcio insuficiente, abaixo dos 1.200 mg recomendados (embora 1 g por dia baste para mulheres que seguem um tratamento de reposição hormonal).

O fornecimento de cálcio ao organismo se dá essencialmente com consumo de águas minerais e derivados do leite. Encontra-se cálcio também em alguns legumes e frutas secas.

O cálcio ingerido não é totalmente utilizado pelo organismo, já que sua absorção pelo intestino é limitada. A absorção é de cerca de um terço para os produtos lácteos, as águas minerais e certos legumes como o repolho. E é menor para outros vegetais, como o espinafre e a soja. Além disso, a absorção de cálcio diminui com a idade, mas também depende de um grande número de outros fatores, como hereditariedade, velocidade do trânsito intestinal e da concomitante presença de vitamina D no organismo.

A vitamina D tem, de fato, o papel de regulador de cálcio. Ela é indispensável à absorção desse elemento pelo organismo e à sua incorporação pelo tecido ósseo. A vitamina D teria igualmente um papel protetor contra o câncer de cólon (intestino grosso). Essa vitamina é fabricada pelas células profundas da pele quando esta é exposta aos raios ultravioleta do sol, mas também é fornecida pela alimentação.

Pode ser encontrada nos peixes gordos (salmão, cavala, sardinha, atum), no fígado de boi, na gema de ovo, na manteiga e nas ostras. Os óleos de fígado de peixe a contêm em quantidades excepcionalmente altas.

Consumida em excesso, essa vitamina tem efeitos nocivos. Inversamente, tomar uma suplementação (sob prescrição médica) é útil quando se suspeita de insuficiência, sobretudo entre idosos que saem pouco ou em mulheres com baixo consumo alimentar dessa vitamina.

Seu consumo alimentar de cálcio é suficiente?

Alguns dados para avaliá-lo, sabendo que o consumo diário recomendado é de 1.200 mg

Aporte de cálcio nos derivados de leite para obter 500 mg de cálcio são necessários:

- 40 g de parmesão
- 50 g de queijo prato
- 270 g de queijo-de-minas padrão
- 75 g de queijo-de-minas frescal
- 80 g de mussarela
- 400 g de coalhada
- 500 g de queijo cottage
- 300 g de queijo de cabra
- Ou, ainda, de 400 ml de leite ou 3 iogurtes

Quantidade de cálcio por litro em algumas águas minerais	
Caxambu	13,26
Bonacqua	60,50
Minalba Fonte Água Santa	16,40
Acqua Sadia Fonte Ouro Fino	32,06

As etiquetas das garrafas indicam também o teor de outros minerais.

Aporte de cálcio dos vegetais

Em 100 g de	*Há (mg de cálcio)*
Amêndoas, nabos	250
Agrião, avelãs, castanha-do-pará	200
Figo seco, espinafre	170
Repolho, cenoura	50
Aipim	91
Quiabo	62

O chocolate, além de conter importantes quantidades de magnésio e potássio, ainda possui cálcio. Um tablete de 150 g de chocolate ao leite fornece 355 mg de cálcio (e o chocolate amargo, 260 mg).

89 O tipo de alimentação tem influência sobre o estado da pele?

A pele precisa ser perfeitamente alimentada para assegurar sua principal função, que é proteger o organismo contra as agressões externas. A presença de lipídeos é indispensável para a manutenção de sua camada mais superficial, a epiderme. As células que a compõem são majoritariamente os queratócitos. Elas sobem desde a profundeza até a superfície da pele, transformando-se e produzindo substâncias hidratantes e queratina, que tem efeito protetor. Sua união deve ser perfeita, para manter a hidratação da epiderme. Essa reunião é realizada por diferentes lipídeos (ácidos graxos, colesterol, ceramidas) que "vedam" os espaços entre as células.

Se o consumo alimentar de gorduras, em particular de ácidos graxos essenciais (ver pergunta de nº 84), for insuficiente, a pele torna-se seca e rugosa. Por outro lado, suspeita-se que a produção de radicais livres (ver pergunta de nº 86) é um fenômeno capaz de acelerar o envelhecimento, especialmente o da pele.

O consumo de frutas e legumes, que trazem vitaminas antioxidantes, ajuda a limitar as marcas do tempo. As vitaminas do grupo B estão envolvidas nos diferentes mecanismos que permitem manter uma pele em plena saúde. Entre elas, estão a vitamina B5 e a biotina, que evitam a queda dos cabelos.

90 O que o consumo de soja pode fornecer após a menopausa?

Habitualmente, a soja não faz parte da alimentação das populações ocidentais. No entanto, ela parece ter interessantes qualidades nutricionais: contém, sobretudo, fitoestrogênios (ver capítulo 5). Então, é provável que seja útil para a mulher em menopausa que não deseja ou não pode fazer um tratamento de reposição hormonal.Originária da China, a soja é uma planta da família das leguminosas (como os feijões, as favas, o grão-de-bico, a alfafa...).Em Botânica, está classificada no gênero *Glicinia*. A variedade mais comumente cultivada é a *Glicinia max*, cujas vagens pilosas dão, cada uma, de dois a quatro grãos. Foi no século XIX que imigrantes chineses importaram a planta para os Estados Unidos, país que se tornou o maior produtor, à frente do Brasil e da China.

A soja tem a forma original de grãos. Em vários países é encontrada em preparações alimentares prontas. Há importante quantidade de isoflavonas (ver pergunta de nº 62) nos produtos tradicionais à base de soja. Essa quantidade é bem mais baixa nos produtos alimentares industrializados mais recentes ou mesmo no molho de soja (ver tabela a seguir). A quantidade varia conforme a planta de origem.

Segundo a variedade, pode-se encontrar no grão valores que vão de 0,4 a 3,8 mg de isoflavonas por grama (em média, 1,27 mg). Vale lembrar que a quantidade média de fitoestrogênios fornecida pela alimentação japonesa estaria entre 25 e 32 mg/dia, embora a absorção no organismo varie muito de pessoa para pessoa (ver perguntas de nºs 62 e 63).

Os grãos de soja são consumidos após algumas transformações. Quando submetidos a cozimento e fermentação, é possível eliminar deles os elementos indigestos. Por outro lado, a fermentação permite ao intestino absorver uma maior quantidade de fitoestrogênios ativos.

Na Ásia, há várias preparações alimentares à base de soja. No Japão, quatro produtos cobrem 90% do fornecimento das duas principais isoflavonas (genisteína e daidzeína): *tofu*, *missô*, *natto* e *tofu* frito. O *tofu*, ou "queijo" de soja, é uma pasta preparada a partir de grãos de soja esmagados. O *missô* é uma pasta de soja fermentada, consumida geralmente misturada ao arroz. Existem diversas variedades: o missô vermelho e o missô branco são os mais comuns.

O termo *natto* designa grãos de soja cozidos e depois fermentados. Na Indonésia também é muito consumido o *tempeh*, produto elaborado a partir de soja fermentada. No Brasil, encontra-se facilmente *tofu*, *tonyu* ("leite" de soja) e "iogurte de soja". O *tofu* tem forma sólida e moldada, pode ser cortado em pequenos cubos e usado em saladas. Como quase não tem gosto, precisa ser misturado a uma preparação temperada (ver também receitas a seguir).

O *tonyu* é um leite obtido ao esmagar e filtrar grãos de soja. Cozido, ele pode substituir o leite de vaca em diversos usos, embora contenha menos cálcio. A incorporação de fermentos ao "leite" de soja resulta em "iogurtes" de soja. A "nata" que se forma sobre o *tonyu* após o cozimento chama-se *yuba*. Ela concentra todos os elementos nutritivos, sendo extremamente rica em proteínas, cálcio e fósforo. Apesar de chamados de "leite", "queijo" e "iogurte" de soja, eles não fornecem os mesmos elementos que os laticínios, especialmente em relação às gorduras.

O grão de soja contém importante proporção de ácidos graxos poliinsaturados, cujo efeito sobre o sistema cardiovascular é benéfico (ver pergunta de nº 84). Contém mais magnésio, porém menos cálcio do que o leite. Por outro lado, a soja é uma importante fonte de proteínas que, associada a cereais, pode se comparar à carne. A combinação desses dois tipos de alimentos fornece os oito aminoácidos essenciais de que o corpo necessita (ver pergunta de nº 83).

Quantidade média de fitoestrogênios (genisteína + daidzeína) contida nos diferentes produtos derivados da soja

Produto alimentar	*Genisteína + daidzeína (mcg/g)*
Farinha de soja	1.124
Missô	642
Tempeh	510
Tofu (queijo de soja)	242
Tonyu (leite de soja)	44
Shoyu (molho de soja)	13

Como incorporar a soja à sua alimentação? Conheça algumas receitas japonesas[4]

Todos os ingredientes utilizados nestas receitas são facilmente encontrados nos supermercados; caso tenha alguma dificuldade, recorra a lojas especializadas em produtos orientais.

BIFE DE *TOFU* COM MOLHO DE COGUMELOS
(para quatro pessoas)

Ingredientes:

— 300 g de *tofu* duro
— 10 cogumelos *shitake*
— 1 colher de sopa de saquê
— 1 dente de alho
— 15 g de manteiga
— 1,5 colher de sopa de *shoyu* (molho de soja)

- Escorra o líquido do *tofu* e corte-o em fatias grossas.
- Corte em rodelas o *shitake* e coloque-o numa vasilha com o saquê; leve ao forno de microondas por um minuto.
- Corte finamente o alho e refogue-o no óleo, para perfumá-lo.
- Retire o alho da frigideira.
- No mesmo óleo, frite dos dois lados as fatias de *tofu*.
- Frite na manteiga os cogumelos com saquê e acrescente o *shoyu*.
- Sirva os bifes de *tofu* sobre o molho de cogumelos.

4. **Nota da autora:** Eu agradeço a Yumi Yamamoto, que me forneceu estas receitas.

SALADA DE *TOFU*
(para quatro pessoas)

Ingredientes:
- 300 g de *tofu* duro
- 2 ovos cozidos
- 100 g de salmão defumado
- 1 colher de café de saquê
- 1 pepino
- 1 colher de sopa de maionese comum
- pimenta

- Coloque o *tofu* no forno de microondas por dois minutos.
- Pique os ovos.
- Corte o pepino em fatias e salgue-as.
- Marinar o salmão defumado com o saquê e a pimenta durante 15 minutos; depois, ponha apenas o salmão no forno de microondas por dois minutos; depois de cozido, esmigalhe o salmão com a mão.
- Misture o salmão com os ovos, o pepino e a maionese.
- Junte o *tofu* picado à mão e sirva imediatamente.

OMELETE DE *TOFU*
(para quatro pessoas)

Ingredientes
- 300 g de *tofu* duro
- 4 ovos
- 1 colher de café de sumo de gengibre (ou gengibre ralado)
- 100 g de carne de caranguejo
- 50 g de alho-porro
- 1 colher de sopa de caldo de galinha
- sal e pimenta
- 1 colher de café de óleo de gergelim

▪ Escorra o *tofu*.
▪ Escorra a carne de caranguejo e acrescente o sumo de gengibre e a pimenta.
▪ Pique o *tofu* à mão e misture-o ao caranguejo, com o alho-porro cortado miúdo, o caldo de galinha e os ovos.
▪ Ponha tudo na frigideira com óleo de gergelim.

SOPA DE MISSÔ COM *TOFU*, CEBOLINHAS E COGUMELOS
(para quatro pessoas)

Ingredientes:
- 30 cubos de *tofu* duro de 2 x 2 cm (cerca de 250 g)
- 4 grandes cogumelos de Paris cortados em rodelas
- 2 cebolinhas (empregar apenas a parte verde)
- caldo de peixe
- 4 colheres de sopa de *missô*

- Ferva o caldo de peixe, acrescente os cubos de *tofu* e os cogumelos. Cozinhe em fogo baixo por três minutos.
- Junte o *missô* e deixe-o dissolver.
- Retire do fogo. Junte as cebolinhas cortadas em rodelinhas.
- Sirva imediatamente.

TOFU GRATINADO
(para quatro pessoas)

Ingredientes:
- 300 g de *tofu* duro
- 3 fatias finas de costela defumada
- 1 tomate
- 1 caixa pequena de molho à bolonhesa
- 100 g de queijo *gruyère* ralado
- 2 colheres de café de azeite

▪ Escorra o *tofu* e corte-o em oito fatias.

▪ Frite a costela defumada, cortada em pedaços, no azeite até ela ficar crocante.

▪ Retire e reserve a costela; no mesmo azeite, frite as fatias de *tofu*.

▪ Coloque num refratário as fatias de *tofu*, o tomate fatiado e os pedaços de costela. Despeje o molho à bolonhesa, cubra com o queijo e asse no forno a 250°C por cerca de 10 minutos.

CAPÍTULO 8

Adotar um certo modo de vida

91 O que o exercício físico traz de bom? Há esportes mais apropriados para depois da menopausa?

Há muitas vantagens em praticar regularmente exercícios após os 50 anos de idade:

- Em primeiro lugar, eles são bons para a auto-estima, sobretudo quando praticados em grupo. Em geral, melhoram o sono. A ansiedade, o estresse e o estado depressivo, em contrapartida, quase sempre se fazem acompanhar da falta de vontade de praticar atividades físicas. Por isso é preciso, no início, encontrar a energia necessária para agitar de novo o seu corpo. Uma vez que a prática esportiva engrene, a confiança em si mesma e o bem-estar retornam, auto-regulando-se.
- A atividade esportiva limita o ganho de peso porque queima calorias e, principalmente, mantém o volume de massa muscular. Quanto mais músculos a pessoa tiver, tanto maior será o dispêndio de energia quando ela estiver em repouso (ver pergunta de nº 20). As gorduras de reserva são também mais bem utilizadas. Quando uma pessoa jovem pratica exercícios físicos, ela utiliza açúcar e gordura, meio a meio. Ao envelhecer, ela usará menos as gorduras, que ficam "reservadas" no corpo. Exercícios regulares permitem interromper esse processo. Sozinho, no entanto, o exercício físico apresenta pouco resultado quando se quer emagrecer. A cada 1 kg que se ganha de peso, corresponde um excedente de 8.500 kcal. Para perder esse quilo em um mês, seria preciso aumentar os gastos energéticos em cerca de 300 kcal por dia. Para isso, seria necessário uma atividade aparentemente difícil de se colocar em prática, já que corresponde a, por exemplo, uma hora de bicicleta ou meia hora de tênis por dia. A atividade física relativamente intensa inibe a fome, o que já é uma vantagem suplementar.
- Praticar regularmente um exercício físico pode evitar que você seja vítima de certas fraturas na idade avançada. Primeiro, porque o esporte participa da manutenção de uma boa massa óssea, bastando,

para tanto, que o fornecimento de cálcio e de vitamina D seja suficiente. E também porque se você conserva o equilíbrio, a precisão dos gestos, a mobilidade articular e a força muscular, será menor o risco de acontecer uma queda. A perda rápida de tecido ósseo que se segue imediatamente à menopausa não pode ser compensada pela atividade física. No entanto, uma atividade física regular pode evitar um desperdício ósseo de cerca de 1% ao ano. Esse benefício foi constatado tanto nas vértebras quanto no colo do fêmur, seja em mulheres sedentárias que começam sua atividade física em torno da menopausa, seja nas esportistas de longa data. Estas últimas têm, entretanto, uma densidade óssea média superior à das primeiras (ver pergunta de nº 25) quando alcançam a menopausa. Só que nem toda atividade é eficaz para manter a densidade dos ossos. É necessário que elas provoquem pressão, ou seja, uma carga sobre o esqueleto, especialmente sobre as vértebras e os quadris. Assim, a musculação, a marcha rápida e o *jogging* são eficientes, bem como subir escadas regularmente. A bicicleta e a natação, em contrapartida, são pouco ou nada eficazes (ver tabela a seguir).

■ A atividade esportiva tem alguma ação preventiva quanto à aterosclerose (ver pergunta de nº 27). Foi provado que 20 minutos de caminhada, três vezes por semana (ou seja, com gasto de energia de 300 kcal por semana), evita a diminuição do "bom" colesterol que ocorre após a menopausa. No entanto, é preciso praticar uma atividade muito mais intensa, de uma hora diária de marcha em boa velocidade, para fazer baixar as taxas do colesterol total e do "mau" colesterol no sangue.

■ A atividade física melhora a capacidade respiratória e regula a pressão arterial. Aqui, mais uma vez, para melhorar a pressão, é necessário um gasto energético regular significativo (de quatro a cinco horas de caminhada, ou seja, 1.500 kcal, por semana).

■ De acordo com alguns trabalhos, parece haver um elo entre a atividade física e os tumores malignos hormônio-dependentes da mama e do endométrio, e uma prática desportiva permitiria diminuir os riscos. Algumas hipóteses foram aventadas para explicar isso: a quantidade global de estrogênios no organismo seria inferior nas mulheres que praticam atividade física, o exercício permitiria a transformação de estrogênios potentes em compostos menos ativos; ou, ainda, melhoraria as defesas imunológicas contra os tumores.

- Enfim, certos estudos mostram que as mulheres que praticam uma atividade física regular são menos sujeitas às ondas de calor do que as outras.

Todas estas vantagens só podem ser alcançadas com perseverança. É preciso que a atividade seja parte integrante de seu modo de vida para que você possa tirar benefício dela. Uma atividade física só é eficaz se corresponder a um mínimo de três sessões semanais, no mínimo com 30 a 45 minutos de esforço por sessão.

Evidentemente, essa atividade deve estar adaptada à condição física de cada mulher. A não ser que já pratique modalidades específicas antes dos 50 anos, é preferível escolher exercícios de intensidade média, mas prolongada, como caminhadas, natação, *jogging*, ginástica, hidroginástica, passeios de bicicleta ou pedalar na bicicleta ergométrica.

Para todas aquelas que não gostam de praticar exercícios, sempre é possível agitar ao máximo a vida cotidiana. Atividade física não é obrigatoriamente atividade esportiva. É preciso aproveitar todas as oportunidades. No campo, prefira fazer pequenos trajetos de bicicleta em vez de carro ou vá trabalhar no seu jardim. Para as mulheres urbanas, aconselha-se usar a escada em vez do elevador, estacionar um pouco longe de seu domicílio ou de seu lugar de trabalho ou descer do transporte coletivo um ponto antes do previsto.

Já foi demonstrado que a densidade óssea é tanto mais elevada quanto maior o número de andares que se sobe por escada cotidianamente... Inversamente, quanto mais tempo diante da televisão, tanto mais baixa será a densidade óssea.

Diferentes atividades físicas classificadas segundo a carga que exercem sobre o esqueleto

Está comprovado que atividades de alta carga têm ação sobre a densidade óssea

Nenhuma carga	Natação
Baixa carga	Andar de bicicleta ou pedalar na bicicleta ergométrica Equitação Ginástica ao sol Jardinagem Vela
Carga moderada	Aeróbica Dança Golfe Marcha Tênis de mesa
Alta carga	Jogging Tênis

92 Eu fumo. Depois da menopausa, o cigarro representa um risco especial? E se eu seguir um TRH?

Uma mulher que fuma corre os mesmos riscos que um homem de desenvolver câncer, especialmente de pulmão, de bexiga ou de pâncreas. Mas, além disso, o cigarro tem conseqüências específicas na mulher. A menopausa incide mais cedo nas fumantes: cerca de um ano e meio antes da data geneticamente programada. Esse efeito do cigarro parece relacionado ao número de anos que a mulher fumou. O cigarro diminui a quantidade de estrogênios presente no organismo. A carência hormonal é, portanto, mais acentuada. Assim sendo, o risco de osteoporose é mais alto.

O risco de sofrer um acidente cardíaco precoce também aumenta, já que faltam estrogênios para proteger os vasos do coração dos efeitos nocivos do tabaco. O tabagismo também traz conseqüências menos graves, porém mais visíveis. De fato, ele acelera o envelhecimento da pele. Ao lado dos raios ultravioleta do sol, o cigarro é o grande responsável pelas rugas, pela alteração das fibras elásticas da pele. Ele também confere ao rosto uma aparência sem brilho, já que impede os vasos sangüíneos da pele de alimentá-la corretamente com oxigênio e nutrientes.

Depois da menopausa, a pele das fumantes fica visivelmente marcada, porque, aos efeitos do envelhecimento, somam-se àqueles decorrentes do cigarro. Certos tratamentos hormonais são contra-indicados às mulheres que fumam. É o caso das pílulas anticoncepcionais clássicas (estroprogestativas), que não devem ser usadas por fumantes após os 35 anos de idade. O estrogênio e os diferentes progestágenos sintéticos que elas contêm aumentam consideravelmente o risco de um acidente cardíaco ou de uma trombose.

Apesar disso, as mulheres fumantes podem fazer um tratamento de reposição na menopausa, mas os hormônios não terão as mesmas conseqüências (ver pergunta de nº 59). Isso porque o cigarro torna o tratamento menos eficaz: parece que nas fumantes não se obtêm os efeitos benéficos do TRH, particularmente sobre a pele. Por outro lado, o cigarro poderia ter um efeito tóxico direto sobre as células que produzem o tecido ósseo. Assim, ele se contrapõe aos esperados efeitos do TRH em manter a massa óssea.

93 O que pensar do consumo de álcool após a menopausa?

Um consumo elevado de álcool é tóxico para o fígado, favorece a osteoporose e aumenta o risco de doenças cardiovasculares. Em contrapartida, o consumo moderado de vinho (correspondente a menos de 30 g de álcool por dia) parece reduzir o risco de doença coronariana. Esse efeito é atribuído seja ao etanol em si (o álcool), seja às substâncias antioxidantes contidas nessa bebida. Para alguns, o vinho seria, então, um dos fatores que explicam a taxa relativamente baixa de doenças cardiovasculares constatada entre os franceses, considerando-se a grande quantidade de gorduras saturadas que eles consomem (o que os americanos chamam de "paradoxo francês").

Entretanto, as mulheres que não consomem bebidas alcoólicas devem continuar com essa opção, sobretudo se seguem um tratamento de reposição hormonal (TRH) na menopausa. Na verdade, beber álcool aumenta a probabilidade de se ter câncer de mama. Em todas as mulheres, o risco aumenta regularmente entre 13 g e 60 g de álcool consumido por dia. Em mulheres que seguem um tratamento de reposição hormonal, o risco cresce com ingestões ainda mais baixas, de 5 g a 15 g de álcool por dia.

Comprovou-se que nas mulheres sob TRH, a taxa de estrogênios no sangue aumenta consideravelmente após o uso de álcool. Ele pode subir em 300% e permanecer elevado durante várias horas. Esse excesso hormonal pode ser uma explicação para o aumento constatado no risco de câncer na mama.

Algumas equivalências

Um copo de vinho (90 ml) de 12,5 graus equivale a 11,25 g de álcool
Um copo de cerveja (330 ml) de 4 graus equivale a 13,2 g de álcool
Um copo de aguardente (50 ml) de 40 graus equivale a 19 g de álcool

94 Quais são es efeitos do sol sobre a pele? São mais intensos depois da menopausa? Como preveni-los ou atenuá-los?

O sol traz bom humor. Além disso, ele é indispensável para a fabricação de vitamina D pelas células da pele (ver pergunta de nº 88). No entanto, nem tudo são vantagens. Para ter ossos sólidos e ainda manter uma bela pele, devemos preferir as caminhadas ao ar livre, mas banir o bronzeamento intensivo. Os raios ultravioleta são, com o cigarro, os maiores indutores de rugas. Eles tornam a pele rugosa e fazem surgir nela manchas pigmentadas. O conjunto desses danos é chamado de fotoenvelhecimento.

Em doses fortes e repetidas, os raios ultravioleta são também responsáveis pelo câncer de pele. Depois da menopausa, as transformações da pele provocadas pela carência de estrogênios se somam às provocadas pelo sol, sem realmente intensificá-las. Em certas situações, os raios solares são mais intensos e, portanto, mais perigosos.

É preciso ter cuidado, por exemplo, com o sol de verão, sobretudo entre 11 e 16 horas (horário de verão), e em lugares onde a reverberação sobre a água ou a areia multiplica a quantidade de raios ultravioleta que incidem no rosto. Deve-se ter atenção também com o mormaço, que diminui a luminosidade (e "adormece" nossos cuidados), sem, no entanto, barrar os UV. As peles morenas são mais resistentes do que as claras, o que não significa que não sejam vulneráveis ao fotoenvelhecimento, em caso de exposição intensa.

Roupas e chapéus de abas largas são as proteções mais eficazes contra os raios do sol. Os cremes com protetores solares devem ter índice elevado e prevenir ao mesmo tempo contra os UVA (raios ultravioleta do tipo A) e os UVB (raios ultravioleta do tipo B). Os raios ultravioleta também parecem favorecer o aparecimento de catarata: pense em proteger seus olhos com lentes filtrantes eficientes.

Pode-se atenuar os sinais de fotoenvelhecimento? Sim, com o ácido retinóico, ou com vitamina A ácida, medicamento prescrito, sob forma de creme, pelos dermatologistas.

Algumas peles, entretanto, ficam irritadas com esse tratamento. Por outro lado, para que os resultados se mantenham, as aplicações devem ser feitas a longo prazo, mas é preciso saber que os efeitos do produto após vários anos de emprego ainda são desconhecidos.

O tratamento hormonal da menopausa não tem, por si só, nenhum efeito sobre o fotoenvelhecimento. Ele pode ser eficiente apenas sobre as transformações da pele que decorrem da carência de estrogênios.

CAPÍTULO 9

Outros tratamentos

Os caminhos da pesquisa: SERM e SAS

95 O que é um SERM?

Os estrogênios secretados pelos ovários agem sobre todos os tecidos que possuem receptores, o que permite a esses hormônios transmitir sua "mensagem" (ver pergunta de nº 37). Depois da menopausa, com a reposição externa desses mesmos estrogênios, é possível que eles voltem a agir sobre todos os tecidos que possuem receptores. Às vezes, isso pode ser interessante, a exemplo do que acontece com o tecido ósseo, já que os estrogênios favorecem a prevenção da osteoporose. No entanto, a ação hormonal também é exercida sobre órgãos onde não é especificamente desejada nessa idade: o útero e as mamas.

Um dos objetivos da pesquisa científica, portanto, é descobrir moléculas capazes de agir como estrogênios quando essa ação é vantajosa e de maneira oposta quando ela é indesejável. Essas substâncias devem, assim, ter uma estrutura química que permita a elas também "se encaixar" nos receptores de estrogênios. Elas são denominadas SERM (*Selective Estrogen Receptor Modulator*, ou moduladores seletivos dos receptores de estrogênios).

Em geral, esse termo é atribuído a compostos produzidos por síntese química. Entretanto, há quem considere que os fitoestrogênios oriundos da soja sejam "SERM naturais". De fato, eles são capazes de se posicionar nos receptores de estrogênios, tendo, assim, efeitos similares aos dos estrogênios sobre certos órgãos (ossos, vasos sangüíneos, cérebro), mas não sobre o útero.

O SERM ideal será aquele que corrigirá o conjunto de conseqüências negativas, precoces e tardias, da carência de estrogênios, e que faça isso de modo seguro. Ele não deverá estimular nem o útero nem as mamas, mas deverá proporcionar a cada mulher um certo conforto, impedindo sangramentos e dores mamárias, e protegendo-a dos riscos de câncer. Infelizmente, essa molécula ideal ainda precisa ser descoberta. Se é que ela existe.

96 Na prática médica, os SERM já são utilizados para a mulher em menopausa?

A primeira vez que se empregou um SERM para a mulher em menopausa foi por causa de sua ação sobre a mama, oposta à ação dos estrogênios. Esse produto é o tamoxifeno, que é prescrito como tratamento complementar em certos casos de câncer de mama. Ele bloqueia os receptores de estrogênios, impedindo que esses hormônios possam estimular as células cancerosas mamárias que tenham persistido após o tratamento principal. Assim, ele permite evitar as recidivas da doença.

Em outros tecidos, ao contrário, ele tem efeitos similares aos dos estrogênios. Evita a perda óssea que ocorre após a menopausa e diminui a taxa do "mau" colesterol. Infelizmente, ele tem também efeito estimulante sobre o útero e, embora seja mais fraco do que o dos estrogênios, exige atenta vigilância.

Mesmo assim, os efeitos benéficos sobre a mama predominam em relação aos efeitos negativos sobre o útero. E embora ele também tenha bons efeitos sobre os ossos, a ação do tamoxifeno sobre o útero impede que seja utilizado em mulheres que não tenham tido câncer de mama.

O raloxifeno, por sua vez, é um SERM utilizado por sua ação sobre o tecido ósseo.

Já foi demonstrada sua eficácia no aumento da densidade óssea e na redução do risco de esmagamentos vertebrais. Como os estrogênios, essa molécula diminui a taxa do "mau" colesterol, mas seus reais efeitos no plano cardiovascular ainda não são conhecidos.

Por outro lado, ele leva a um aumento do risco de trombose venosa comparável ao que foi constatado com os estrogênios habitualmente empregados nos Estados Unidos (estrogênios provenientes de éguas, ver pergunta de nº 46). Em contrapartida, o raloxifeno não estimula nem o útero nem as mamas. Atualmente, estuda-se a eventual capacidade de ele exercer efeito preventivo sobre o câncer de mama, o que parece possível segundo os primeiros resultados. No entanto, o raloxifeno não tem nenhum efeito sobre os sintomas precoces da menopausa, como os fogachos, problemas genitais e urinários ou outros desconfortos. Ele pode até mesmo aumentar a intensidade e a freqüência das ondas de calor.

Outros SERM são atualmente objetos de estudos e um dia talvez constem do arsenal terapêutico dos médicos.

97 O que é um SAS?

A busca por moléculas capazes de agir sobre os sintomas da menopausa, sem provocar menstruações nem dores mamárias, despertou interesse pela noção de esteróide de ação específica (SAS – *steroïde d'action spécifique*).

Os esteróides são compostos derivados de uma mesma estrutura química básica. Estrogênios, androgênios e progesterona, todos são "hormônios esteróides".

Existe tanto na França quanto no Brasil um esteróide sintético de ação específica disponível mediante prescrição médica: a tibolona. É uma molécula distante dos hormônios femininos naturais. No organismo, ela se transforma em vários compostos que se fixam em diferentes receptores hormonais. Assim sendo, conforme o tecido, a tibolona tem ação que se assemelha à dos estrogênios, à da progesterona ou à dos androgênios (hormônios masculinos). Quais os resultados?

A molécula tem uma ação sobre as ondas de calor, o ressecamento vaginal e o humor tão eficaz quanto os estrogênios e ainda permite a preservação da densidade óssea. Ela estimula a libido mais acentuadamente do que o tratamento de reposição hormonal (TRH), provavelmente por seu efeito androgênico.

Esse tratamento não induz as menstruações, mas, às vezes, ocorrem sangramentos e se constata menor inchaço e menos dores nas mamas. O risco para o coração e os vasos sangüíneos ainda não é bem conhecido.

Os tratamentos da osteoporose

98 Quais os diferentes tratamentos empregados para prevenir e tratar a osteoporose?

A prevenção contra esmagamentos vertebrais e das fraturas do colo do fêmur pode ser feita a qualquer tempo, tanto antes de ocorrer a primeira fratura (prevenção primária) quanto depois de já terem ocorrido fraturas, a fim de evitar outras (prevenção secundária).

Na prevenção primária, recomenda-se o tratamento de reposição hormonal (TRH), eventualmente substituído pela tibolona (ver pergunta de nº 97), sobretudo se há sintomas incômodos ligados à menopausa, como fogachos. Não se deve esquecer também, como complemento, de associar aí as vantagens do exercício físico e de um aporte suficiente de cálcio e vitamina D.

Alternativas ao TRH são possíveis, mas serão preferíveis quando a menopausa já tiver ocorrido há bastante tempo. São o raloxifeno (ver pergunta de nº 96) e medicamentos da família dos biofosfonatos, que se opõem às ações das células que destroem os ossos (ver pergunta de nº 24).

Dois medicamentos da família dos biofosfonatos parecem ser muito eficazes no tratamento da osteoporose, mas seu uso exige precauções. Os comprimidos devem ser ingeridos com um grande copo d'água, em jejum, ao levantar-se. Deve-se obrigatoriamente ficar de pé ou sentada, sem comer, durante meia hora após a medicação. Se houver refluxo do medicamento para o esôfago, ocorrem queimações.

Tratamentos por injeções endovenosas estão em estudos. Os efeitos do uso prolongado de biofosfonatos são mal conhecidos. Quem estiver sob esse tratamento, deve absolutamente evitar a carência de vitamina D, sendo, às vezes, até mesmo prescrever uma suplementação.

Novos tipos de tratamentos contra a osteoporose estão em fase de pesquisa e em breve virão ampliar a gama de remédios para essa afecção.

Há lugar para o DHEA no tratamento da menopausa?

99 O que é o DHEA? Para que serve? Tem realmente efeitos benéficos?

Antes da menopausa, a mulher produz hormônios femininos (estrogênios e progesterona), mas também fabrica hormônios masculinos (androgênios). Os androgênios continuam a ser secretados após a menopausa, ainda que em menor quantidade, tanto pelos ovários quanto pelas glândulas supra-renais (ver pergunta de nº 4). O DHEA ou DHA (dehidroepiandrosterona) é produzido por estas últimas.

Ainda que não seja um hormônio em si mesmo, já que não se conhece nos órgãos nenhum receptor a ele, para que pudesse agir como agem os hormônios (ver o exemplo dos estrogênios, na pergunta de nº 37), o DHEA pertence ao grupo dos androgênios.

Se as supra-renais produzirem grande quantidade desse hormônio, isso provoca uma virilização, ou seja, surge um aumento da pilosidade nas regiões sensíveis aos hormônios masculinos, como queixo e lábio superior. Portanto, o excesso de tal substância numa mulher não é desejável. Mas, e se for insuficiente? Sabe-se que o DHEA diminui normalmente com a idade, dos 25 aos 65 anos, quando então sua produção estabiliza-se. Mas não sabemos, realmente, quais são os efeitos dessa diminuição porque ignoramos o papel exato do DHEA no organismo. O que sabemos é que ele se transforma em testosterona (o mais importante dos hormônios masculinos) e depois em estrogênios.

De fato, o DHEA é um esteróide (ver pergunta de nº 97) e sua estrutura química permite que se transforme facilmente em hormônios sexuais. Então, é possível que ele não tenha efeito por si mesmo, mas apenas quando se transforma nesses hormônios.

O DHEA foi bem pouco estudado e, no plano médico, seu interesse ainda precisa ser definido. Um estudo chamado "DHEAge" foi realizado na França com pessoas de 60 a 79 anos. Ele demonstrou que os efeitos do DHEA na mulher só são notáveis após os 70 anos. O tecido ósseo reforça-se. O interesse pela sexualidade desperta e as pacientes relatam uma sensação de bem-estar global.

A pele fica mais hidratada, provavelmente pelo aumento da produção sebácea, a qual participa na manutenção da água nas camadas superficiais da pele, que se torna mais espessa e modificar sua coloração modifica-se. Constata-se também certa regressão em sua pigmentação amarela, que aumenta naturalmente com a idade.

Os efeitos são apreciáveis, mas há também o evidente risco de aparecimento de pilosidade indesejável no queixo e no lábio superior. Os resultados do estudo "DHEAge" foram publicados após acompanhamento médico de um ano de duração. Portanto, eles ainda não permitem conhecer as conseqüências do uso do esteróide a longo prazo.

100 Pode-se tomar DHEA no climatério? Pode-se associá-lo ao TRH?

No climatério e nos primeiros anos após a menopausa, à luz de nossos conhecimentos atuais, o DHEA não tem nenhuma indicação. Começamos a conhecer bem os benefícios e os riscos do tratamento de reposição hormonal. Os benefícios que poderiam advir do uso de DHEA aos 50 anos ainda são desconhecidos.

E já que a molécula se transforma em estrogênios, suas contra-indicações são, *a priori*, idênticas às do TRH. Por outro lado, quando se tem a pele oleosa, acne, excesso de pilosidade ou uma queda de cabelos, o que é relativamente freqüente no climatério, esses sinais serão agravados pelo consumo de hormônios masculinos. Outro inconveniente do DHEA: a diminuição do bom colesterol, constatada em diversos trabalhos. Surge então um questionamento sobre suas conseqüências no plano cardiovascular.

Quanto à associação TRH e DHEA, ela parece perigosa, já que pode levar a um excesso de estrogênios, com a decorrente ameaça – possível – de aumento do risco de câncer de mama.

Nas mulheres mais idosas, o lugar do DHEA ainda não está determinado. Ainda são necessárias mais pesquisas no ser humano: essa é a única maneira de saber mais sobre os efeitos e os riscos, a longo prazo, dessa molécula. Já que se transforma em hormônios ativos, o DHEA tem de ser encarado como um medicamento.

A prescrição de um medicamento exige conhecimento suficiente de suas indicações, contra-indicações e de seus efeitos colaterais.em diversos trabalhos. Surge então um questionamento sobre suas conseqüências no plano cardiovascular.

Quanto à associação TRH e DHEA, ela parece perigosa, já que pode levar a um excesso de estrogênios, com a decorrente ameaça – possível – de aumento do risco de câncer de mama.

Nas mulheres mais idosas, o lugar do DHEA ainda não está determinado. Ainda são necessárias mais pesquisas no ser humano: essa é a única maneira de saber mais sobre os efeitos e os riscos, a longo prazo, dessa molécula. Já que se transforma em hormônios ativos, o DHEA tem de ser encarado como um medicamento.

A prescrição de um medicamento exige conhecimento suficiente de suas indicações, contra-indicações e de seus efeitos colaterais.

APÊNDICE

Guia prático

Glossário

ADENOFIBROMAS. Tumores benignos da mama, constituídos de tecido glandular e fibroso.

AMENORRÉIA. Ausência de menstruação.

AMNIOCENTESE. Exame para diagnosticar anomalia de cromossomos. Pode ser feito no início da gravidez. Consiste em retirar de dentro do útero uma quantidade de líquido amniótico que será posteriormente examinada em laboratório.

ANOVULAÇÃO. Falta de ovulação.

AUTO-EXAME DE MAMAS. Observação periódica (mensal ou bimensal) dos seios que cada mulher deve fazer em casa, a partir dos 35 anos. Se a mulher ainda menstrua, deve realizá-lo logo ao final da menstruação; caso já não menstrue, deve escolher uma mesma data todo mês para realizá-lo. Consiste em verificar visualmente e por palpação as mamas e axilas em busca de sinais indicativos de lesão maligna (retrações, manchas, indurações, secreção mamilar). Ao achar uma característica que não existia no exame anterior, isso deve levar a mulher a consultar seu médico. O auto-exame é a melhor arma na detecção precoce do câncer de mama.

BIOFEEDBACK. Exercício de contração do períneo que visa evitar perdas urinárias. Essa técnica permite à mulher avaliar a eficácia das próprias contrações perineais, visualizando-as numa tela ou por meio de um sinal sonoro.

BIÓPSIA. Procedimento cirúrgico realizado em qualquer região do corpo, a fim de retirar material para análise e diagnóstico de doenças.

BIÓPSIA DO ENDOMÉTRIO. Biópsia da mucosa uterina, que pode ser obtida em consultório, durante o exame ginecológico. É um exame bastante confiável para detectar câncer de corpo de útero.

CÂNCER DE MAMA. Tumor maligno da glândula mamária.

CANDIDÍASE. Doença infecciosa causada pelo fungo *Candida albicans*. Na vagina, provoca corrimento esbranquiçado e coceira. Pode ocorrer também na boca.

CICLO MENSTRUAL. Período entre duas menstruações, que dura cerca de 28 dias. Durante a primeira fase, os folículos crescem, um deles torna-se oócito e pode ser fecundado.

CISTITE. Inflamação da bexiga causada geralmente por bactéria. Costuma acometer mulheres jovens com vida sexual ativa e idosas, cuja mucosa está atrofiada. Causa ardor para urinar, aumento da freqüência urinária e em pouca quantidade (polaciúria). Pode ocorrer sangue na urina.

CISTITES SEM INFECÇÃO. Afecções com sintomas comparáveis aos da cistite, embora sem germes. Causada pela falta de hormônios ou por traumatismo ("cistite da lua de mel").

CISTO. Nódulos benignos da mama, cheios de líquidos.

CLIMATÉRIO. Período longo, de até 15 anos, que começa cerca de cinco anos antes da menopausa e dura até cerca de 10 anos depois.

COLONOSCOPIA. Exame em que um aparelho com sistema ótico atravessa o ânus, a fim de visualizar a mucosa do colon (intestino grosso). É realizado sob anestesia geral leve e exige internação de meio dia. Deve ser feito periodicamente, a partir dos 45 ou 50 anos. Se houver antecedentes familiares de câncer ou de pólipos do intestino, a primeira colonoscopia deverá ser realizada 20 anos antes da idade em que o parente foi diagnosticado.

COLPOCITOLOGIA. Exame preventivo do câncer também conhecido por esfregaço. Pode ser feito durante consulta ginecológica. Consiste na coleta de células do colo do útero para análise laboratorial. Permite detectar anomalias benignas e despistar câncer de colo de útero e vagina.

CORPO AMARELO (CORPO LÚTEO). Nome que o folículo recebe depois da ovulação. Se não houver fecundação, dura de 12 a 14 dias, quando então se atrofia. Se houver a fecundação, ele irá secretar hormônios necessários à gravidez.

DENSITOMETRIA ÓSSEA. Exame radiológico, indolor, que permite avaliar densidade dos ossos e eventual perda de massa óssea. É utilizado para diagnosticar osteoporose.

DHEA OU DHA (dehidroepiandrosterona). Esteróide secretado pelas glândulas supra-renais, cuja estrutura química permite que se transforme em hormônio sexual. Embora pertença ao grupo dos androgênios (hormônios masculinos), é secretado pelas mulheres, mesmo na menopausa.

DISTRIBUIÇÃO ANDRÓIDE DE GORDURA. Concentração de gorduras no ventre das mulheres em menopausa, causada pela diminuição dos estrogênios. Essa localização "masculina" da gordura no abdome eleva o risco cardiovascular, aumenta o risco de câncer do seio e do endométrio.

DISTRIBUIÇÃO GINECÓIDE DE GORDURA. Concentração de gorduras preferencialmente nas coxas e quadris

DOENÇA DE ALZHEIMER. Doença degenerativa do cérebro, mais comum a partir dos 70 anos de idade, causada pelo mau funcionamento de algumas proteínas cerebrais e pela produção do peptídeo amilóide, que leva à destruição irreversível de boa parte dos neurônios. Atinge quem tem predisposição genética, mas também tem a ver com o envelhecimento.

DOENÇA FIBROCÍSTICA DAS MAMAS. Reação da glândula mamária à influência hormonal. Pode ocorrer em qualquer idade, embora seja mais comum no início do climatério porque resulta da insuficiência de progesterona em relação aos estrogênios. Manifesta-se por meio de inchaço, que varia com o ciclo menstrual: é dolorosa antes da menstruação e diminui ou desaparece com ela.

ELETROESTIMULAÇÃO. Técnica indolor utilizada para estimular a musculatura do períneo, por meio de estimulação elétrica, a fim de evitar o relaxamento do esfíncter da uretra e as perdas urinárias

ENDOMÉTRIO. Mucosa que reveste o interior do útero. Torna-se espessa na segunda fase do ciclo menstrual.

ENDOMETRIOSE. Presença de tecido semelhante ao endométrio (que reveste internamente o útero) em outras partes do corpo.

ESFÍNCTER. Conjunto de músculos voluntários e involuntários que são responsáveis por abrir e fechar certos orifícios naturais do organismo.

ESTERÓIDES. Álcoois de animais ou plantas, usados na preparação de hormônios. Tem origem nas glândulas animais ou em fontes vegetais. Podem ser sintéticos.

ESTROGÊNIOS. Hormônios sexuais femininos. O estradiol e a estrona são produzidos pelos ovários desde o início da puberdade até a menopausa.

FERIDA NO COLO DO ÚTERO. Conhecidas por ectopia ou *ectropium* do colo uterino, são "feridas" extremamente comuns, cujo tratamento consiste na cauterização.

FERTILIZAÇÃO. Penetração do espermatozóide no óvulo, dando origem ao embrião.

FITOESTROGÊNIOS. Grupo de moléculas oriundas de plantas, mas com estrutura química semelhante à dos estrogênios (hormônios sexuais femininos). São fornecidos ao organismo pela alimentação, mas também por meio de complementos nutricionais.

FOGACHOS. Ondas de calor e sudorese: são os principais sintomas da menopausa.

FOLÍCULOS. Surgem no ovário na fase intra-uterina da mulher. São estruturas preenchidas de líquido e localizadas na superfície do ovário, nas quais o óvulo em maturação (oócito) cresce. O folículo produz estrogênio até a liberação do óvulo, depois se transforma em corpo amarelo e secreta progesterona.

FSH. Hormônio folículo-estimulante.

GINECOLOGIA. Especialidade médica que trata clinicamente ou através de cirurgia das doenças do aparelho reprodutor feminino.

HDL. Sigla de *High Density Lipoprotein*, ou seja, lipoproteínas de alta densidade.

HEMOCCULT®. Exame de detecção precoce de câncer de cólon: detecta a presença de sangue (invisível a olho nu) nas fezes.

HIPÓFISE. Glândula situada na base do cérebro. Secreta, entre outros hormônios, FSH, LH, prolactina e TSH (Hormônio Tireóide Estimulante).

HIPOTÁLAMO. Estrutura no cérebro responsável por coordenar as funções de homeostase do organismo. Seus circuitos neuro-endócrinos controlam sede, fome, saciedade, temperatura corporal, pressão arterial, sexualidade, freqüência cardíaca, sono... Os hormônios que secreta (liberadores e inibidores) agem sobre a hipófise, controlando a sua produção de hormônios. Dentre os hormônios que o hipotálamo secreta, estão o hormônio liberador de gonadotropina (GnRH) e o fator inibidor da prolactina (PIF).

HISTERECTOMIA. Cirurgia para retirada do útero.

HISTEROGRAFIA. Série de radiografias do útero, providenciadas enquanto o radiologista injeta no interior do útero, através do colo, um líquido iodado e opaco aos raios X. O exame permite detectar anomalias como pólipos, miomas e até câncer. Revela ainda mucosa uterina espessa demais ou, ao contrário, atrófica. Não deve ser realizado em caso de alergia a iodo.

HISTEROSCOPIA. Exame que faz passar um aparelho com sistema ótico pela vagina e colo do útero, a fim de visualizar o interior da cavidade uterina. Permite diagnosticar anomalias intra-uterinas (miomas, pólipos e mesmo câncer), com vantagem suplementar: é completado pela retirada de amostras da mucosa uterina, que são posteriormente analisadas. Dependendo do caso, além de ser um procedimento para exame, também será um procedimento de tratamento.

HOMEOPATIA. Especialidade médica que busca equilibrar o organismo utilizando medicamentos preparados com substância do reino vegetal, animal e mineral e seguindo o princípio da cura pelo semelhante.

HORMÔNIO. Substâncias que exercem função reguladora do organismo.

HORMÔNIO FOLÍCULO ESTIMULANTE (FSH). Gonadotrofina (hormônio da hipófise que atua sobre as gônadas femininas), que estimula a produção de estrogênios nos ovários e a maturação do oócito.

HPV. Sigla do *Human Papilloma Vírus*, vírus sexualmente transmissível que pode causar câncer de colo de útero.

IMC. Sigla de Índice de Massa Corporal. É calculado dividindo o peso da pessoa (em quilos) pela sua altura (em metro) elevada ao quadrado (P/A^2).

INCONTINÊNCIA URINÁRIA. Incapacidade de controlar a urina, problema freqüente na mulher, mas que aumenta com a idade e a chegada da menopausa.

IN SITU. Expressão em latim que é usada para identificar um câncer ainda não-invasivo.

ISOFLAVONAS. Substâncias que são encontradas em grãos de soja e produtos derivados da soja, mas também em leguminosas como feijões, grão de bico, lentilhas, favas. As duas principais isoflavonas são a genisteína e a daidzeína.

LAPAROSCOPIA. Técnica de microcirurgia que faz um tubo fino e iluminado, de 5 a 10 mm de diâmetro, atravessar a parte inferior do abdomen, permitindo visualizar os ovários, útero, tubas uterinas e cavidade peritonal.

LDL. Sigla de *Low Density Lipoprotein*, ou seja, lipoproteínas de baixa densidade.

LH. Hormônio luteinizante. É secretado pela hipófise, sob a coordenação do hipotálamo, induz a maturação do corpo lúteo e sua produção de progesterona – hormônio da segunda fase do ciclo menstrual e da gravidez.

LIGNANOS. Substâncias encontradas em alguns frutos (maçãs, pêras, cerejas), legumes (lentilhas, cenouras, funcho, alho, cebola), cereais integrais, mas sobretudo nos grãos ricos em óleos, como a linhaça.

LIPOPROTEÍNA. Conjunto dos lipídeos transportados no sangue ligados às proteínas.

MAMOGRAFIA. Exame radiológico que permite detectar calcificações microscópicas na glândula mamária. É um método utilizado para diagnóstico precoce de câncer de mama, já que permite detectá-lo antes de ser clinicamente percebido. As radiografias são feitas com o seio comprimido, o que causa mais incômodo do que dor.

MASSA GORDA. Conjunto das gorduras do organismo.

MASSA MAGRA. Conjunto formado pelos músculos, esqueleto, vísceras e líquidos do organismo.

MENOPAUSA. Etimologicamente, significa "cessação das menstruações". É o fim do menacme, período que vai desde a primeira menstruação (menarca) até a última (menopausa): ocorre quando não há mais oócitos nos ovários, indicando fim do seu funcionamento. É o momento em que as menstruações param definitivamente. Só é possível confirmar a menopausa, porém, ao se completar um ano da data da última menstruação.

Menopausa precoce. Menopausa que ocorre antes dos 40 anos.

Menopausa tardia. Menopausa que ocorre após os 55 anos.

Micropílulas. Contraceptivos orais que não contêm estrogênios. Também chamados de micropílulas progestativas. Devem ser tomadas sem períodos de interrupção. Podem ser prescritas para mulheres com pressão muito alta, diabetes ou excesso de colesterol no sangue.

Mioma uterino. Proliferações de fibras do músculo uterino. São tumores freqüentes e benignos, raramente associados a sintomas, em geral não exigem tratamento. Geralmente, são descobertos a partir dos 40 de idade, durante exame ginecológico de rotina. Entre seus sintomas estão aumento do tamanho uterino, irregularidades menstruais (dismenorréia, hipermenorréia, ou sangramento uterino irregular) e dor em baixo ventre, normalmente em pressão ou cólica. Pode ser causa de infertilidade ou de anemias, pelo sangramento excessivo.

Mucosa. Epitélio (tecido) de revestimento interno. É diferente da pele, que é o revestimento externo do corpo.

Oligoelementos. Substâncias que ativam as enzimas para que defendam o organismo, agindo como anti-oxidantes. Entre eles estão o selênio, cobre, zinco, o manganês, as vitaminas C e E, assim como o beta-caroteno (que se transforma em vitamina A no organismo) e os polifenóis presentes no chá e no vinho.

Ondas de calor. *Ver* fogachos.

Oócito. Ovo ou óvulo que é produzido no ovário.

Osteoblastos. Células que permanentemente elaboram os ossos, dentro do processo natural de manutenção do tecido ósseo.

Osteoclastos. Células que destroem os ossos, dentro do processo natural de manutenção do tecido ósseo.

OSTEOPENIA. Perda óssea. É naturalmente causada pelo envelhecimento.

OSTEOPOROSE. Perda óssea patológica, acelerada e desproporcional. Caracteriza-se pela fragilização dos ossos, que se tornam menos densos, o que faz com que se fraturem facilmente. Atinge uma entre quatro mulheres com idade entre 65 e 75 anos, e uma em cada duas após os 75 anos de idade. Pode ser prevenida através de um "freio" à perda óssea natural. A osteoporose de tipo I atinge mulheres entre 51 e 75 anos, incidindo mais na coluna, o que leva a dores nas costas e deformidades posturais. A de tipo II atinge homens e mulheres depois dos 70 anos e afetada sobretudo a bacia, o ombro e o joelho.

OVÁRIOS. Par de glândulas sexuais femininas onde os óvulos são armazenados e onde estrogênios e progesterona são produzidos.

OVÁRIO POLICÍSTICO. Ovário com cistos que causam desequilíbrio hormonal, podendo levar à falta de ovulação, ciclos menstruais irregulares e infertilidade.

OVULAÇÃO. Momento em que ocorre a expulsão do oócito do ovário, que se transforma em óvulo pronto para ser fecundado. Acontece geralmente no 14º dia do ciclo menstrual.

PÍLULA ANTICONCEPCIONAL Método contraceptivo hormonal constituído de comprimidos a serem ingeridos diariamente, de forma contínua ou interrompida, e que são compostos de um ou de dois hormônios sintéticos (estrógeno e progestágeno).

PÓLIPOS DE ENDOMÉTRIO. Também chamados de pólipos mucosos, são excrescências da mucosa uterina. Não são detectados durante um exame ginecológico simples e, quando diagnosticados são retirados por curetagem (raspagem da mucosa uterina) ou durante histeroscopia.

PÓS-MENOPAUSA. Período de alguns anos após confirmação da menopausa. Sangramentos que ocorrerem na pós-menopausa são considerados anormais e devem ser objeto de exames complementares.

Progestágenos. Produtos sintéticos que reproduzem no organismo os efeitos da progesterona natural.

Progesterona. Hormônio sexual feminino, secretado pelo ovário após a ovulação, a fim de preparar a camada interna do útero (endométrio) para a implantação do ovo fecundado.

Prolapso genital. Queda, geralmente progressiva, das paredes vaginais e uterinas. Às vezes, é acompanhada de perdas involuntárias de urina. Mas também de dificuldades para urinar, quando a posição anormal do útero leva-o a comprimir as vias urinárias. Costuma ser percebido pelas mulheres em idade avançada, quando o útero pode ser notado no momento da higiene íntima como um "caroço" que sai pela vulva (diz-se, então, que o prolapso exteriorizou-se).

Radicais livres. Moléculas que resultam das reações químicas das células do organismo com o oxigênio presente no corpo (reações de oxidação). São moléculas instáveis, que possuem um elétron "solteiro" que as faz interagir com o que há em torno delas. Em baixa quantidade, os radicais livres são úteis ao organismo. Mas se tornam tóxicos quando em quantidade excessiva, acelerando o envelhecimento e causando doenças.

Raloxifeno. Um tipo de Modulador Seletivo dos Receptores de Estrogênios (SERM). Essa molécula é eficaz para aumentar a densidade óssea e reduzir risco de esmagamentos vertebrais.

Ressecamento vaginal. Resulta das transformações causadas pela insuficiência de estrogênio, ocorre no climatério e pós-menopausa. O muco vaginal desaparece e a parede mucosa vaginal torna-se mais fina, menos elástica e mais frágil.

SAS. Sigla em francês para *Steròids d'Action Spécifique.*

SERM. Sigla para *Selective Estrogen Receptor Modulator.* Esses moduladores seletivos dos receptores de estrogênios são moléculas capazes de agir como estrogênios quando essa ação é vantajosa, e, inversamente, quando ela é indesejável. São substâncias com estrutura química que permite com que "se encaixem" nos receptores de estrogênios.

SÍNDROME DOS OVÁRIOS POLICÍSTICOS. Desordem endocrinológica que afeta cerca de 6% da população feminina em idade reprodutiva.

SÍNDROME PRÉ-MENSTRUAL. Mais conhecida pela sigla TPM (Tensão Pré-Menstrual), atinge cerca de 30% das mulheres em idade fértil, sendo que 5% desse total de mulheres sofrem de sintomas agudos, como intolerâncias generalizadas e agressividade. Manifesta-se cerca de 10 dias antes do período menstrual e costuma desaparecer dois dias antes da menstruação.

SUPRA-RENAIS. Glândulas situadas sobre os rins e que produzem, entre outros hormônios, os androgênios e um estrogênio chamado estriol.

TAMOXIFENO. Substância prescrita durante tratamento de mulheres que tiveram câncer de mama: ele bloqueia os receptores de estrogênios, impedindo que esses hormônios possam estimular as células cancerosas mamárias que tenham persistido após o tratamento principal. Dessa maneira, permite evitar as recidivas da doença.

TESTOSTERONA. Hormônio andrógeno produzido nos testículos. influencia a produção de espermatozóides e as características sexuais do homem.

TIBOLONA. Esteróide sintético. Trata-se de uma molécula distante dos hormônios femininos naturais, mas que, no organismo, se transforma em vários compostos que se fixam em diferentes receptores hormonais.

TRATAMENTO DE REPOSIÇÃO HORMONAL (TRH). Tratamento que proporciona ao organismo os hormônios que deixam de ser secretados pelos ovários a partir da menopausa. Seu objetivo é remediar as conseqüências que o desaparecimento desses hormônios causam, procurando suprimir sintomas imediatos (ondas de calor etc.) e prevenir efeitos tardios da menopausa (osteoporose). A base do TRH é a associação de dois hormônios: estrogênio (ou drogas que desempenhem esse papel nos tecidos) e progestágeno (salvo em mulheres que se submeteram à retirada do útero). A administração pode ser por via oral (comprimidos), vaginal (loção, óvulo e creme), transdérmica (gel e adesivos transdérmicos) e subcutânea (implantes).

TRISSOMIA DO 21. Anomalia cromossomial. O risco de se ter um filho portador dessa síndrome aumenta proporcionalmente à idade da mulher grávida.

TUBAS UTERINAS. Vísceras bilaterais em que uma das extremidades está ligada ao útero e a outra abre-se na pelve, apta a captar os óvulos que saem dos ovários.

ULTRA-SONOGRAFIA. Exame que utiliza ultra-sons para visualizar os tecidos "moles" do organismo. As ondas de ultra-som são enviadas por uma sonda até os órgãos que se quer examinar, que devolvem o sinal cada vez que encontram um obstáculo. Esses sinais são então transformados pelo aparelho em uma imagem que pode ser visualizada numa tela de vídeo. Também chamado de ecografia.

ULTRA-SONOGRAFIA PÉLVICA. Ultra-sonografia em que o médico (ginecologista ou radiologista) passa sobre o ventre uma sonda (embebida com gel) que propaga os ultrassons. O exame deve ser feito com a bexiga cheia para garantir uma boa visualização do útero e os ovários.

ULTRA-SONOGRAFIA TRANSVAGINAL. Ultra-sonografia feita com a introdução de uma sonda, embebida em gel, na vagina: por estar mais próxima dos órgãos que se quer visualizar, permite obter uma imagem mais detalhada. É realizada com a bexiga vazia.

URODINÂMICA. Exame que visa medir débitos e pressões da urina, a fim de avaliar o funcionamento da bexiga e a qualidade dos esfíncteres. Durante a realização do exame, o paciente urina num aparelho chamado debitômetro. Em seguida, uma pequena sonda é introduzida em suas vias urinárias. Não causa dor, embora seja considerado um pouco desagradável.

ÚTERO. Órgão feminino, musculoso, oco e elástico, situado na pelve, que recebe o óvulo fecundado, conserva e nutre o embrião. Seu revestimento mucoso interno é o endométrio, que descama parcialmente durante a menstruação. A parte do útero que se projeta para a vagina é o colo, o restante é o corpo do útero.

XENO-ESTROGÊNIOS. Moléculas produzidas pela indústria química. Podem entrar em competição com os estrogênios ou os fitoestrogênios para se fixarem nos receptores de estrogênios. São substâncias muito numerosas e permanecem longos anos no meio ambiente (de 30 a 50 anos). Um exemplo é inseticida o DDT. Os xeno-estrogênios podem ser responsáveis pelo aumento do número de casos de câncer de mama.

Endereços úteis

Hospitais Universitários e Instituições Públicas de Saúde*

Disque Saúde – Ministério da Saúde: 0800-611997

ALAGOAS

Hospital Universitário da UFAL
Campus C. Simões, Km 14 BR101
Cep. 57061-970 – Maceió
Tel. (82) 322-2494
www.hu.ufal.br

AMAZONAS

Hospital Universitário Getúlio Vargas – UFAM
Av. Aripuanã, nº 04
Praça 14 de Janeiro
Cep. 69020-170 – Manaus
Tel. (92) 622-1838
www.ufam.edu.br/instituicao/suplementares/hugv/hugv.htm

BAHIA

Hospital Universitário Prof. Edgard Santos – UFBA1
Rua Augusto Viana, s/nº
Cep. 40110060 – Salvador
Tel. (71) 339-6290
www.hupes.ufba.br/

Maternidade Climério de Oliveira – UFBA
Rua do Limoeiro, 137
Cep. 40055150 – Salvador
Tel. (71) 242-9966
www.mco.ufba.br/welcome. html

CEARÁ

Hospital Universitário
Walter Cantídio – UFC-1
Rua Cap. Francisco Pedro, 1.290
Cep. 60430-370 – Fortaleza
Tel. (85) 281.4755 288.8109
sw.npd.ufc.br/geral/unidades/ hospital.htm

Maternidade Escola Assis Chateaubriand UFC-2
Rua Coronel N. de Melo, s/nº
Cep. 60430270 – Fortaleza
Tel. (85) 281-6466
www.meac.ufc.br

* **Fonte:** Ministério da Educação no site www.mec.gov.br/Sesu/hospuni.shtm e pesquisa na internet.

DISTRITO FEDERAL

Hospital Universitário de Brasília – UNB
Av. L 2 Norte, SGAN, Qd 604/605
Cep. 70840-050 – Brasília
Tel. (61) 274-4162
www.hub.unb.br/

ESPÍRITO SANTO

Hospital Universitário Cassiano Antônio de Moraes – UFES
Av. Marechal Campos, s/nº
Cep. 29040-090 – Vitória
Tel. (27) 335-7100
www.ufes.br

GOIÁS

Hospital das Clínicas de Goiás – UFG
Primeira Avenida – Cx Postal 1031
Cep. 74605-050 – Goiânia
Tel. (62) 261-3006
www.ufg.br/servicos/hospital. html

MARANHÃO

Hospital Universitário da UFMA
Rua Barão de Itapary, 227
Cep. 65020-070 – São Luiz
Tel. (98) 222-5508
www.huufma.br/

MATO GROSSO

Hospital Universitário Júlio Müller – UFMT
Rua L, s/nº
Cep. 78048-790 – Cuiabá
Tel. (65) 315-7511
www.ufmt.br

MATO GROSSO DO SUL

Hospital Universitário Maria Aparecida Pedrossian – UFMS
Av. Senador Filinto Miller, s/nº
Cep. 79002-970 – Campo Grande
Tel. (67) 787-2037
www.ufms.br/nhu.php

MINAS GERAIS

Hospital das Clínicas da Universidade Federal de Minas Gerais –UFMG
Av. Prof. Alfredo Balena, 110
Cep. 30130-100 – Belo Horizonte
Tel. (41) 3248-9300
www.ufmg.br/servicos/

Hospital de Clínicas de Uberlândia – UFU
Av. Pará, 1.720
Cep. 38405-382 – Uberlândia
Tel. (34) 218-2258
www.hc.ufu.br/index/index.php

Hospital Escola da Faculdade de Medicina do Triângulo Mineiro – FMTM
Av. Getúlio Guarita, s/nº
Cep. 38025-440 – Uberaba
Tel. (34) 318-5000
www.fmtm.br/

Hospital Universitário da UFJF
Rua Catulo Breviglieri, s/n
Cep. 36036-110 – Juiz de Fora
Tel. (32) 229-3059
www.ufjf.edu.br/

PARÁ

Hospital Universitário Bettina Ferro de Souza – UFPA-2
Campus Universitário
Cep. 66075-900 – Belém
Tel. (91) 211-1151
www.ufpa.br/ufpa/hospitais. htm

Hospital Universitário João de Barros Barreto
Rua Munducurus, 4.487 UFPA-1
Cep. 66073-000 – Belém
Tel. (91) 249-5395
www.ufpa.br/hujbb

PARAÍBA

Hospital Universitário Alcides Carneiro – UFPB 2
Rua Carlos Chagas, s/nº
Cep. 58107-670 – Campina Grande
Tel. (83) 341-1028
www.ufpb.br/

Hospital Universitário Lauro Wanderley – UFPB 1
Cidade Universitária
Cep. 58059-900 – João Pessoa
Tel. (83) 216-7051
www.ufpb.br/

PARANÁ

Hospital de Clínicas do Paraná – UFPR
Rua General Carneiro, 181
Cep. 80060-900 – Curitiba
Tel. (41) 360-1806
www.hc.ufpr.br/

PERNAMBUCO

Hospital das Clínicas de Pernambuco – UFPE
Av. Prof. Moraes Rego s/nº
Cep. 50670-420 – Recife
Tel. (81) 453-387
www.ufpe.br/

RIO DE JANEIRO

Fundação Bela Lopes
Rua Barão de Lucena, 95
Rio de Janeiro
Tel. (21) 539-1337
www.buscario.com.br/hp/FBLO.html

Hospital do Câncer
Praça da Cruz Vermelha, 23
Cep. 20000-000 – Rio de Janeiro
Tel. (21) 2506-6000

Hospital Estadual Pedro II
Rua do Prado, 325
Cep. 20000-000 – Rio de Janeiro
Tel. (21) 3395-0123

Hospital Souza Aguiar
Praça da República, 111
Cep. 20000-000 – Rio de Janeiro
Tel. (21) 2296-4114

Hospital Universitário Antônio Pedro – UFF
Rua Marques do Paraná, 303
Cep. 24030-210 – Niterói
Tel. (21) 261-3006
www.uff.br/huap/

Hospital Universitário Clementino Fraga Filho – UFRJ
Edifício do Hospital Universitário – Cidade Universitária
Cep. 21941-590 – Rio de Janeiro
Tel. (21) 2564-2010
www.hucff.ufrj.br

Hospital Universitário Gaffrée Guinle – UNIRIO
Rua Mariz e Barros, 775
Cep. 20270-002 – Rio de Janeiro
Tel. (21) 569-5925
www.unirio.br/hugg/

Hospital Universitário Pedro Ernesto – UERJ
Av. 28 de setembro, 77
Rio de Janeiro
Tel. (21) 2587-6100
www.hupe.uerj.br/

Instituto de Ginecologia – UFRJ
Rua Moncorvo Filho, 90
Cep. 20211-340 – Rio de Janeiro
Tel. (21) 2221-7577
www.ginecologia.ufrj.br

RIO GRANDE DO NORTE

Hospital Universitário Ana Bezerra – UFRN-2
Praça Manuel Villaça, 13
Cep. 59200-000 – Santa Cruz
Tel. (84) 291-2324
www.ccs.ufrn.br/huab.html

Hospital Universitário Onofre Lopes - UFRN-3
Av. Nilo Peçanha, 620
Cep. 59012-300 – Natal
Tel. (84) 215-4441
www.ccs.ufrn.br

Maternidade Escola Januário Cicco – UFRN-5
Av. Nilo Peçanha, 259
Cep. 59012-300 – Natal
Tel. (84) 202-3402
www.ccs.ufrn.br

RIO GRANDE DO SUL

FURG
Rua Visconde de Paranaguá, 102
Cep. 96200-190 – Rio Grande
Tel. (53) 231-3803

Hospital de Clínicas de Porto Alegre – UFRGS
Rua Ramiro Barcelos, 2.350
Cep. 90035-003 – Porto Alegre
Tel. (51) 332-8824
www.hcpa.ufrgs.br/

Hospital Escola de Pelotas – UFPEL
Rua Prof. Araújo, 538
Cep. 96020-360 – Pelotas
Tel. (53) 227-7678
www.ufpel.tche.br/

Hospital São Luís – PUCRS
Av. Ipiranga, 6690 – Porto Alegre
Tel. (51) 320-3000
www.hospitalsaolucas.pucrs. br/

Hospital Universitário Prof. Miguel Riet Correa Junior - Hospital Universitário de Santa Maria – UFSM
Faixa do Camobi, Km 09 Pr. 22
Cep. 97119-900 – Santa Maria
Tel. (55) 220-8500
coralx.ufsm.br/_admin/hu.php

Instituto da Mama do Rio Grande do Sul Casa da Mulher – SESC
Av. João Pessoa, 835 – Porto Alegre
Tel. (51) 2263377
www.tche.br/imama/imamaold
/instmama.htm

SANTA CATARINA

Hospital Universitário de Santa Catarina – UFSC
Cep. 88040-900 – Florianópolis
Tel. (48) 234-5644
www.hu.ufsc.br/

SÃO PAULO

Faculdade de Ciências Médicas da Universidade Estadual de Campinas – Departamento de Tocoginecologia
Cidade Universitária "Zeferino Vaz"
Rua Alexander Fleming, 101
Campinas
Tel. (19) 3788.9302
www.fcm.unicamp.br/departamentos/tocoginecologia/texto. html

Faculdade de Medicina Campus de Botucatu – UNESP – Departamento de Ginecologia e Obstetrícia
Distrito de Rubião Júnior s/n
Botucatu
Tel. (14) 6802-6000
www.fmb.unesp.br/gineco/servico.htm

Hospital das Clínicas da Faculdade de Medicina da Universidade de São Paulo – USP
Av. Dr. Enéas de Carvalho Aguiar, 255 – 10º andar – Sala 10.167
São Paulo
Tel. (11) 3069- 6000
www.hcnet.usp.br/ichc/gineco. htm

Hospital Pérola Byington – Centro de Referência à Saúde da Mulher
Av. Brigadeiro Luiz Antônio, 683 – São Paulo
Tel. (11) 3242-3433 e 3105.5041
www.saude-prev.com.br/hosp_2.php

Hospital São Paulo da Escola Paulista de Medicina – EPM
Rua Napoleão de Barros, 715
Cep. 04024-002 – São Paulo
Tel. (11) 5579-3321, 5576-4100, 5576-4104
dpd20.epm.br/hsponline/

Irmandade da Santa Casa de Misericórdia de São Paulo
Rua Dr. Cesário Mota Júnior, 112, São Paulo
Tel. (11) 3224-0122
www.santacasasp.org.br/hospitais.htm

SERGIPE

Hospital Universitário de Sergipe – FUFS 1
Rua Cláudio Batista, s/nº
Cep. 49060-100 – Aracajú
Tel. (79) 222-3227
www.hu.ufs.br/

Na Internet*

NO BRASIL

ABC da Saúde
www.abcdasaude.com.br/

Agência Nacional de Vigilância Sanitária
www.anvisa.gov.br

Alimentos Funcionais
www.alimentos-funcionais. com

Associação Médica Brasileira
www.amb.org.br/site/index.php3

Atenção integral à saúde da mulher
www.gineco.com.br

Ass. Brasileira de Alzheimer
www.abraz.com.br

Associação Paulista de Medicina
www.apm.org.br

Bireme – Biblioteca Virtual em Saúde
www.bireme.br/

Canal Saúde
www.escelsanet.com.br/sitesaude/

Centro de Atenção Integral à Saúde da Mulher – Unicamp
www.caism.unicamp.br/menopau-sa.html

Conselho Federal de Medicina
www.portalmedico.org.br/

Depressão na menopausa
www.depressaonamenopausa.hpg.ig.com.br/saude/10/index_pri_1.html

Dr. Mundi – Conhecimento médico na sua casa
www.drmundi.com.br

Escola Paulista de Medicina
www.epm.br

Ética na TV
www.eticanatv.org.br

Faculdade de Saúde Pública – SP
www.fsp.usp.br

Fundação Nacional de Saúde
www.funasa.gov.br

Fundação Oswaldo Cruz
www.fiocruz.br/

Gineconews
www.gineconews.org

Homeopatia Online
www.homeopatiaonline.com

* **Fonte:** pesquisa na internet e consultoria de dra. Stella Marina Pinto Ferreira.

Hospital do Câncer – A.C. Camargo / SP
www.hcanc.org.br

Hospital das Clinícas – SP
www.hcnet.usp.br

INCA - Intituto Nacional de Câncer
www.inca.org.br

Infertilidade – Ginecobr
www.gineco.com.br/infertil. htm

Instituto do Coração – SP
www.incorhcsp.org.br

Instituto para Desenvolvimento da Saúde
ids-saude.uol.com.br/

Maringá Saúde
www.maringasaude.com.br/ drnevton/reposicaohormonal. shtml

Médico ginecologista Dr. Einar Arthur Berger
www.dreinar.med.br/Index. html

Menopausa – Ginecobr
www.gineco.com.br/menopaus. htm

Ministério da Previdência e Assistência Social
www.mpas.gov.br/

Ministério da Saúde
www.saude.gov.br

Ministério da Saúde
www.aleitamento.org.br

NIB – Núcleo de Informática Biomédica
www.nib.unicamp.br/svol /index.htm

Obsidiana – Portal feminino da América Latina
obsidiana.cidadeinternet.com. br/

Osteoporose – Prevenção e Tratamento
www.osteoporose.med.br

Portal de Nutrição Clínica
www.nutritotal.com.br

Projeto Saúde Brasil
www.saudebrasilnet.com.br/-mulher/menopausa.asp

Psiquiatria geral
gballone.sites.uol.com.br/voce /menopausa.html

Rede Saúde
www.redesaude.org.br/dossies /html/body_men-como.html

Saber Mulher
www.sabermulher.com.br

Santa Casa de São Paulo
www.santacasasp.gov.br

Saúde Discovery
saude.discovery.com

Saúde gratuita
www.saudegratuita.com.br/ saude-mulher/menopausa.asp

Saúde na internet
www.saudenainternet. com.br

Secretária de Saúde de São Paulo
www.saude.sp.gov.br

Sempre Mulher
www.sempremulher.com.br

Sociedade Brasileira de Cardiologia
www.cardiol.br

Sociedade Brasileira do Climatério "SOBRAC"
www.menopausa.org.br

Sociedade Brasileira de Dermatologia
www.sbd.org.br

Sociedade Brasileira de Diabetes
www.diabetes.org.br

Sociedade Brasileira de Endocrinologia e Metabologia
www.sbem.org.br

Sociedade Brasileira de Geriatria e Gerontologia
www.sbgg.com.br

Sociedade Brasileira de Hipertensão
www.sbh.org.br

Sociedade de Obstetrícia e Ginecologia do Estado de S.Paulo "SOGESP"
www.sogesp.com.br

Sociedade Brasileira de Oncologia Clínica
www.sbpo.com.br

Sociedade Brasileira de Ortopedia e Traumatologia
www.sbot.org.br

Sociedade Brasileira de Reumatologia
www.reumatologia.com.br

Sociedade de Obstetrícia e Ginecologia do Estado de São Paulo
www.sogesp.com.br.

Terceira idade on line
www.projectotio.net/saude/meno-pausa.html

Unidade Diagnóstica de Densitometria Óssea
www.uddo.com/osteoporose

Viver bem na menopausa
www.miranet.com.br/medici-na/geriatria.htm

NO EXTERIOR

Alliance for Aging Research
www.agingresearch.org

Alzheimer's Disease Education and Referral (ADEAR) Center
www.alzheimers.org/adear

American Association of Orthopaedic Surgeons
www.aaos.org

American College of Obstetricians and Gynecologists (ACOG)
www.acog.org

American Heart Association
www.americanheart.org

American Menopause Foundation, Inc.
www.americanmenopause.org

Argentina Association for the Study of Climacterium
www.aapec.org/index2.html

Asia Pacific Menopause Federation
www.apmf.net/what/

Australasian Menopause Society
www.menopause.org.au/

Belgian Menopause Society
www.menopausesociety.be/index.htm

Discovery Online
www.discoveryportugues.com

Doctissimo
www.doctissimo.fr

Ely Britto – Instrutora credenciada pelo International Healing Tao Organization
www.healing-tao.com

Endocrinology and Menopause
www.endo-society.org/pubaffai/factshee/menopse.htm

European Menopause and Andropause Society
www.emasonline.org/

European Society of Gynecology
www.seg-web.org/

Federación latinoamericana de Sociedades de Obstetricia y Ginecología
www.flasog.org/

Femi Web
www.femiweb.com

FIGO – The International Federation of Gynecology and Obstetrics
www.figo.org/

Food and Drug Administration (FDA) Office of Women's Health
www.fda.gov/womens/default. htm

GineWeb
www.unizar.es/gine/entrada. htm

Gyne Web
www.gyneweb.fr

Histerectomy Association
www.hysterectomy-association.org.uk/info/meno/osteo.htm

Hormone Replacement Therapy
www.nlm.nih.gov/medlineplus/hormonereplacementtherapy.html

Hormone Replacement Therapy
www.plainsense.com/Health/Womens/hormone.htm

Irish Menopause Society
www.dnet.co.uk/happen/irishmeno_reg.htm

Journal of the International Menopause Society
www.parthpub.com/climacteric/home.html

Menopause.AARP (American Association of Retired Persons)
www.aarp.org

Menopause, American Heart Association
www.americanheart.org

Menopause Canada
www.menopausecanada.com/

Menopause – Doctor's Guide to the Internet
www.pslgroup.com/MENOPAUSE.HTM

Menopause:The Journal of the NAM
www.menopausejournal.com/

Menoweb
www.menoweb.com

National Cancer Institute
www.nci.nih.gov

National Institutes of Health Osteoporosis and Bone related deseases
www.osteo.org

National Institute on the Aging (U.S.)
www.nih.gov/nia/

OBGYN.net Latina
latina.obgyn.net

Oncolink
www.oncolink.com/

Oregon Menopause Network
www.menonetwork.org/

Osteoporosis and Related Bone Diseases (from the Osteoporosis and Related Bone Diseases National Resource Center, National Institutes of Health, U.S.)
www.osteo.org/

REVCOG – Revista Centroamericana de Sociedades de Obstetricia y Ginecologia
www.guate.net/revcog/eng/index.htm

Sociedade Portuguesa de Menopausa
www.spmenopausa.pt

Therapeutic Options for Menopausal Health
www.menopausalhealth.com/ templates/index.html

The British Menopause Society
www.the-bms.org/

The Endocrine Society
www.endocrinology.org/

The German Society of Menopause
www.menopause-gesellschaft. de

The North American Menopause Society
www.menopause.org/

The Spanish Society of Menopause
www.aeem.org/

The WOMAN Project First Page
www.womanlab.com/

Índice remissivo

A

B

C

D

L

M

N – O

P

Q – R

S

T

U

V

X – Z

Menopausa – 100 perguntas e respostas foi composto em Garamond, Formata e Bell Gothic, com 240 páginas no formato 14 x 21 centímetros e fotolitos da AR Fernandez. O miolo foi impresso em papel offset de 75 g/m²; a capa, em triplex 250 g/m². A impressão e o acabamento foram feitos em São Paulo/SP, pela Cromosete Gráfica e Editora Ltda., para a LAROUSSE DO BRASIL, em setembro de 2003.